dtv

Reihe Hanser

AF198390

Bobo, der Elefant, der sich nicht streiten möchte, liebt Susu, die Maus, die immer so spannende Geschichten erzählt. Albin, das weiße Schwein, über das die rosa Artgenossen lachen, rettet Lila, das Huhn, das keine Eier mehr legen kann. Adel, der Junge, der einmal Arzt werden und nicht so viel träumen soll, schließt Freundschaft mit dem Kamel im Heidelberger Zoo, das ihm ein großes Geheimnis verrät.

Rafik Schami, 1946 in Damaskus geboren, zählt zu den bedeutendsten Autoren deutscher Sprache. Seine Bücher wurden in 23 Sprachen übersetzt und vielfach ausgezeichnet. In der *Reihe Hanser* sind von ihm unter anderem bereits erschienen »Das große Rafik Schami Buch« (dtv 62418) und »Das Herz der Puppe« (dtv 62572).

Henrike Wilson, 1961 in Köln geboren, studierte dort und in den USA Grafik-Design und Malerei. Heute lebt sie als freie Illustratorin im Taunus. Für die *Reihe Hanser* hat sie bereits Jostein Gaarders »Das Schloss der Frösche« (dtv 62302) illustriert.

RAFIK SCHAMI

Der Kameltreiber von Heidelberg

Geschichten für Kinder

jeden Alters

Bilder von Henrike Wilson

dtv

**Ausführliche Informationen über
unsere Autoren und Bücher
www.dtv.de**

Rafik Schami in der *Reihe Hanser*:
»Reise zwischen Nacht und Morgen« (dtv 62083)
»Die Sehnsucht der Schwalbe« (dtv 62195)
»Der geheime Bericht über den Dichter Goethe,
der eine Prüfung auf einer arabischen Insel bestand« (dtv 62068),
in Zusammenarbeit mit Uwe-Michael Gutzschhahn
»Das große Rafik Schami Buch« (dtv 62418)

4. Auflage 2016
2008 dtv Verlagsgesellschaft mbH & Co. KG, München
© Carl Hanser Verlag München 2006
Umschlagillustration: Henrike Wilson
Gesamtherstellung: Kösel, Krugzell
Gedruckt auf säurefreiem, chlorfrei gebleichtem Papier
Printed in Germany · ISBN 978-3-423-62374-2

Inhalt

Der Kameltreiber
von Heidelberg

Vor nicht allzu langer Zeit lebte ein Junge namens Adel in der alten Stadt Heidelberg. Sein Vater arbeitete als Bäckergeselle, und seine Mutter hatte nach langer Suche eine Putzstelle in einem Altersheim gefunden. Adel ging in die siebte Klasse eines Heidelberger Gymnasiums.

Sein Vater hatte große Pläne mit ihm: »Du wirst ein sehr berühmter Arzt werden. Ich werde den Nachbarn in unserem alten Viertel sagen können: Schaut her! Zwanzig Jahre habe ich die Fremde ertragen. Zwanzigmal habe ich die eisigen Winter erduldet. Ich bringe nicht nur ein Auto, einen Fernseher und zwei Videogeräte mit in die Heimat zurück, sondern auch einen berühmten Arzt. Sie werden alle vor Neid erblassen!«

Adel verstand nicht, warum er ausgerechnet Arzt werden sollte. Am liebsten wollte er Kapitän eines Dampfers sein. Wenn er aber seinem Vater von seinen Träumen erzählte, lachte dieser.

»Genauso wie dein Opa, der war auch immer auf Achse. Nein, mein Lieber! Lebensmittelhändler oder Arzt. Das sind zwei sichere Berufe; denn solange Menschen leben, müssen sie essen und krank werden. Du hast auf immer Kundschaft.«

Manchmal war es lustig, den Träumen des Vaters zuzuhören; wenn er nur nicht dauernd genörgelt hätte. Kam Adel verschwitzt vom Spielplatz, jammerte der Vater, und wenn er ruhig auf dem Sofa lag und keiner Fliege etwas zuleide tat, sondern seine Abenteuerromane las, entsetzte sich der Vater. Einerlei, ob er spielte oder las, für den Vater war das reine Zeitverschwendung, die sich nur die Kinder der Reichen leisten konnten. So musste sich Adel notgedrungen immer wieder neue Ausreden ausdenken, wenn er manchmal zu spät nach Hause kam. Und wenn er seine spannenden Räubergeschichten las, versteckte er die Bücher hinter dem großen Mathebuch. Sein Vater sah aus seiner Ecke nur das Schulbuch und war nicht nur zufrieden, sondern hatte manchmal gar Mitleid mit seinem fleißigen Sohn, der sich stundenlang in die Mathematik vertiefte.

Der Mutter war es gleichgültig, ob Adel Arzt oder Bäcker werden würde. Wichtig war für sie, dass ihr einziger Sohn gesund blieb. Je weniger Adel seinem Vater von seinen Träumen und Streichen erzählte, desto mehr sprach er mit seiner Mutter, die ihm aufmerksam zuhörte, lachte oder mit ihm seine Feinde verfluchte. Er erzählte ihr auch jedes Abenteuer, über das er las, weil die Mutter selbst nicht lesen konnte, aber gerne Geschichten hörte. Dann lachte oder weinte sie und war oft voller Sorge um den Helden der Geschichte. Und damit sie ruhig schlafen konnte, bat sie Adel manchmal, doch zu sagen, was aus den Verliebten wurde, die in Ungnade gefallen waren.

Die Arbeit in der Bäckerei war hart, aber der Vater schien zufrieden zu sein. Er freute sich über die freien Samstagnachmittage und die Sonntage. In Damaskus – Adels Heimatstadt – haben die Bäcker keinen freien Tag; sie arbeiten sieben Tage in der Woche. Adels Mutter aber war alles andere als zufrieden. Sie fand das Leben in der

Fremde ungemein langweilig. »In Damaskus«, klagte sie oft, »fehlt den Nachbarn immer etwas, mal ein bisschen Zucker und manchmal etwas Reis und immer ein bisschen Nähe. Deshalb besuchen sie sich. Hier fehlt den Leuten nichts. Sie brauchen nicht einmal ihre Alten. Sie stecken sie einfach ins Altersheim.«

Adel versuchte oft, nach der Schule den Nachbarn und Freund zu spielen, um den Kummer seiner Mutter zu lindern. Er tratschte mit ihr über seine Lehrer, ihre Heimleiterin und den Vater.

Schwer ist das Leben der Männer in der Fremde, doch noch schwerer das der Frauen.

Wenn der Vater aus der Bäckerei kam, wusch er sich, aß und schlief eine Weile. Und ging er danach nicht in die Stadt spazieren oder einen Freund besuchen, machte er sich einen starken Tee, verschwand im kleinen Zimmer der Eltern und verschloss die Tür hinter sich.

Eines Tages hörte Adel, wie sein Vater mit jemandem sprach. Er wunderte sich über diesen Gast, den er nicht hatte kommen sehen. Auf Zehenspitzen näherte er sich der Tür. Die tiefe Stimme des Unbekannten war deutlich zu hören, aber als Adel an die Tür klopfte, wurde es still. Nach einer kurzen Weile öffnete sein Vater die Tür und sah ihn verärgert an.

»Musst du unbedingt stören? Was ist los?«

»Vater, mit wem hast du gerade gesprochen?«

»Mit niemandem!«

Adel versuchte, in das Zimmer zu spähen, sah aber nur ein großes Buch auf dem kleinen Hocker liegen.

»Was ist das für ein Buch?«, fragte er neugierig.

»Das ist nichts für Kinder! Nun lass mich in Ruhe!«, fuhr ihn sein Vater ungeduldig an und knallte die Tür wieder zu.

Wessen Stimme war das? Warum erzählte sein Vater ihm nicht, was das für ein Buch war? Diese Fragen gingen Adel nicht aus dem Kopf.

In jener Nacht, das Frühjahr neigte sich dem Ende zu, regnete es in Strömen und der Wind sang sein Lied durch die Zweige der Trauerweide vor dem Fenster. Adel konnte lange nicht einschlafen; denn immer wieder drangen leise Stimmen aus dem kleinen Zimmer zu ihm herüber. Wenn der Regen laut an die Fensterscheibe klopfte, konnte Adel für einen Augenblick das Geflüster vergessen; doch beruhigte sich der Wind ein wenig, drang das leise Raunen erneut an seine Ohren und vertrieb die Müdigkeit aus seinen Augen.

Adels Neugier wuchs in den folgenden Tagen ins Unermessliche. Gründlich durchkämmte er die Wohnung nach dem Buch und entdeckte dessen Versteck: Ein kleiner verschlossener Schrank, dem Adel bisher kaum Beachtung geschenkt hatte, stand in dem Zimmer seiner Eltern. Nur darin konnte das Buch liegen, da war sich Adel sicher. Den einzigen Schlüssel trug der Vater allerdings immer bei sich.

Der Schrank wehrte sich standhaft gegen Adels Versuche, ihn mit anderen Schlüsseln zu öffnen. Manchmal vergaß Adel die Stimme und das Buch für ein paar Tage. Dann aber drang das Geflüster Samstag für Samstag unüberhörbar wieder aus dem kleinen Zimmer und bohrte sich gnadenlos in seine Ohren.

Eines Tages wollten Adels Eltern einen kranken Kollegen des Vaters in Mannheim besuchen. Adel fieberte ein paar einsamen Stunden entgegen. Er schob seine Hausaufgaben als Grund vor, daheim zu bleiben. Die Mutter wollte das nicht gelten lassen, da der Besuch von Kranken für sie wichtiger war als alle Hausaufgaben der Welt.

Der Vater aber nahm seinen Einzigen in Schutz. »Ein Besuch macht noch keinen Arzt«, sagte er bedeutungsvoll.

Die Eltern fügten noch hinzu, sie würden erst spät heimkommen, da der Kollege sie nicht ohne Abendessen zurückkehren lassen würde. So ist es nämlich Sitte bei den Arabern, sie nehmen immer an, die Gäste seien hungrig und durstig, und bieten ihnen deshalb Essen und Getränke an. Andere Völker vermuten, dass die Gäste schon übersättigt sind, und bieten ihnen deshalb freundlich nichts an.

Als die Eltern endlich gegangen waren, wartete Adel noch eine kurze Weile, dann hielt er es nicht mehr aus und stürmte in das kleine Zimmer. Aufgeregt stand er vor dem Schränkchen und starrte es an. Plötzlich strahlte er. Er rückte es von der Wand, holte einen Schraubenzieher und löste die vier Schrauben, mit denen die Rückwand befestigt war.

Als wäre das Schränkchen nur für das Buch gedacht, waren die anderen Regale gähnend leer. Auf dem untersten Regal lag das dicke Buch mit der dunklen, ledernen Hülle.

Adel trug es vorsichtig, als wäre es aus Glas, zu einem Hocker. Mit zitternden Händen schlug er es auf. Auf der ersten, bunt geschmückten Seite las er den in geschwungenen arabischen Schriftzeichen geschriebenen Titel:

»Mein abenteuerliches Leben und meine überaus beeindruckenden Erlebnisse mit Mensch und Tier, aufgezeichnet vom frommen Sklaven Gottes und über alle Maßen gerechten und mutigen Räuber Adel.«

Ein Lächeln umspielte Adels Mund. Er dachte, sein Vater mache ein riesiges Geheimnis um ein einfaches Räubermärchen. Voller Neugier blätterte er die Seite um. Weißer Rauch zischte aus dem

Buch und füllte im Nu den Raum. Adel fuhr erschrocken einige Schritte zurück, er wollte zur Tür flüchten, doch er stolperte über vorher nicht da gewesene Matratzen und Hocker.

Als die Rauchschwaden sich verzogen, enthüllten sie einen alten Mann, der in arabischem Gewand auf einem Teppich saß. Das Zimmer war verschwunden. Unendlich weit erstreckte sich die Wüste. Bei einer Feuerstelle nahe dem Zelt spendete eine Palme etwas Schatten. Eine leichte Brise trug den würzigen Kaffeeduft von einer großen Kanne zu Adel herüber. Nur das aufgeschlagene Buch auf dem Hocker war unverändert geblieben.

»Deine Hände zittern, mein Sohn! Sie sind so klein wie die der Kinder. Was ist los mit dir?«, sprach der alte Mann auf Arabisch.

Adel schaute verwundert den großen, schneeweißen Schnurrbart, das krumme Schwert an der Seite des Mannes und dessen große, knorrige Hände an.

»Ich bin nicht dein Sohn!«, flüsterte er mit trockener Kehle.

»Wie redest du heute? Ich verstehe kein Wort«, wunderte sich der alte Mann.

»Das ist Deutsch«, erklärte Adel auf Arabisch. »Ich bin nicht dein Sohn, habe ich dir gesagt. Siehst du das nicht?«

»Nur Lebende haben Augen zum Sehen. Ich höre und fühle dich. Das genügt. Warum zitterst du?«

»Ich habe Angst vor dir. Du bist aus dem Rauch gekommen. Wer bist du?«

»Ich bin Adel der Gerechte. Ich bin die Freude der Armen und der Schrecken der Reichen. Wenn dein Geldbeutel nicht größer als dein Herz ist, brauchst du keine Angst vor mir zu haben. Wie heißt du?«

»Mein Name ist auch Adel.«

»Mein Enkel?!«, rief der alte Mann und strahlte über das ganze Gesicht. »Du bist also mein Enkel. Warum versteckt dich dein Vater bloß vor mir? Er sagte, du willst Arzt werden und hältst von der Straßenräuberei nicht viel.«

Adel lachte und erzählte seinem Großvater, dem berühmtesten Straßenräuber in der Geschichte Syriens, welche Wünsche er tatsächlich hatte. Beide lachten laut.

»Aber sag mal, wenn du gestorben bist, wie kannst du aus dem Buch kommen? Bist du ein Geist?«

»Gestorben bin ich schon lange, aber ich erwache jedes Mal zum Leben, wenn jemand das Buch sehnsüchtig liest«, antwortete der Großvater und fing an, die Geschichte seines Lebens zu erzählen.

Adel staunte, wie der alte Räuber Zeile für Zeile berichtete, ohne in das Buch zu schauen. Wenn er anhielt, blätterte Adel die Seite um, und der Großvater erzählte weiter, wie er den Weg vom ängstlichen Bauernknecht zum mutigsten Straßenräuber gegangen war.

Als der alte Mann mit seiner tiefen Stimme stolz von jener Schlacht erzählte, in der er mit achtzig Räubern über zweitausend Soldaten in die Flucht geschlagen hatte, rief Adel: »Du musst aber sehr mutig sein. Mein Vater bekommt schon weiche Knie, wenn ein Polizist ihn anhält.«

»Mut allein haben nur Dummköpfe. Ein Räuber ist nicht nur mutig. Er ist klug und weiß, was er will. Er muss präzise wie ein Uhrmacher, mutig wie eine Mutter, deren Kinder in Gefahr sind, und lautlos listig wie eine Schlange sein. Ich bin vierzig Jahre lang in den Bergen gewesen, und niemand konnte mich fassen, weil ich überall in den Herzen der Armen geborgen war. Mein Bett war die Erde und meine Decke der Himmel. Ich musste Tier und Mensch verstehen. Ein Räuber, der nur Geld scheffelt, ist ein armer Hund. In meiner Truppe habe ich alles verzeihen können, auch wenn einer meiner Männer einen Teil der Beute versteckt hielt und nicht teilen wollte. Niemals aber habe ich es verziehen, wenn einer Kinder unter den Reisenden misshandelte. Den habe ich sofort aus der Truppe entfernt. Kinder muss ein Räuber schonen, sonst ist er ein Schuft, ein schäbiger Kerl! In meiner Satteltasche hatte ich immer Bonbons und Nüsse für die Kinder, damit sie sich nicht langweilten, bis wir unsere Arbeit erledigt hatten. Manch ein Kind verriet uns, wo seine Eltern die Geldbeutel versteckt hatten. Die Geizhälse versteckten oft ihre Geldbeutel bei ihren Frauen, obwohl sie ihnen doch sonst keinen Groschen anvertrauten.

Ja, manches Kind rief sogar: ›Geldbeutel her, sonst frisst Adel eure Leber ungebraten!‹ Dir kann ich es ja sagen, ich habe Leber nie gemocht, aber die Reisenden zitterten immer bei der Vorstellung, ich würde es tun, und rückten lieber ihr Geld heraus.«

Der alte Räuber schwieg.

»Und weiter!«, rief Adel ungeduldig.

»Blättere um bis zum nächsten Kapitel.«

Adel blätterte schnell und las laut die Überschrift:

»Wie ich einen Löwen ohrfeigte.«

»Ja, das war in einem Frühjahr. Ich wollte den Staub der weiten Reise loswerden und mich im klaren Wasser eines kleinen Flusses erfrischen. Ich hatte mich noch nicht einmal ausgezogen, als das Wasser sich trübte. Ich schaute auf. Eine Löwin plätscherte zusammen mit ihren drei Jungen im Wasser herum. Ich merkte, dass sie fremd in meinem Gebiet waren; denn kein anderer Löwe hätte es gewagt, mein Badewasser zu trüben.

Ich brüllte sie an: ›Erst zählt der Mensch und dann das Tier!‹ Sie sollten verschwinden, bis ich in Ruhe gebadet hatte. Plötzlich tauchte ein mächtiger Löwe auf und brüllte fürchterlich. Ich fragte ihn in Löwensprache, ob er ein paar Ohrfeigen bräuchte. Der Löwe aber rief: ›Das werden deine letzten sein‹, und sprang mich an. Ich gab ihm dreiundneunzig Ohrfeigen und sagte ihm immer wieder, er könne noch mehr haben. Dann packte ich ihn am Schwanz und schleuderte ihn so lange im Kreis herum, bis ihm schwindelig wurde und er anfing, wie eine Miezekatze zu miauen und um Gnade zu betteln. Ich ließ ihn frei. Er taumelte zu seiner Familie. Seit jenem Tag wusste auch die Bescheid.«

Der alte Räuber begann zu gähnen.

»Erzähl doch weiter!«, bettelte Adel.

»Ich kann nicht. Wer aus seinem Herzen heraus erzählt, spürt eine immer größer werdende Leere. Ich muss mich ausruhen!«, sagte der Alte und gähnte noch einmal herzhaft.

»Dann warte ich, bis du dich ausgeruht hast!«

»Du musst das Buch zuklappen!«

Adel klappte widerstrebend den Deckel zu.

Der Großvater, das Zelt und die Wüste verschwanden augenblicklich. Adel schaute auf die Uhr: Es war bereits nach elf.

Schnell stellte er das Buch zurück in den Schrank und schraubte die Rückwand an. Er war gerade fertig, als er im Hof die Stimme seines Vaters hörte. Mit einem Sprung erreichte er das Sofa und nahm das seit dem Nachmittag aufgeschlagene Geographiebuch in die Hand.

Sein Vater strahlte zufrieden, als er seinen fleißigen Jungen sah. »Tüchtig, tüchtig!«, lobte er.

Die Mutter stöhnte aus Sorge über die Augen ihres Sohnes.

»Vater, was war Opa eigentlich von Beruf?«, fragte Adel listig.

»Er war – wie soll ich sagen – ein edler Ritter!«

»Hatte er eine Burg und viele Knechte?«

»Hm, nein, das nicht!«

»Wovon hat er denn gelebt?«

»Er nahm Gebühren von den Reisenden.«

»War er denn ein Schaffner?«

»Nein, das auch nicht.«

»Dann muss er ein Straßenräuber gewesen sein!«

»Das könnte man so nennen, und jetzt geh schlafen«, stöhnte der Vater verzweifelt.

Die Tage krochen langsam dahin und Adels Sehnsucht nach seinem Großvater wuchs von Tag zu Tag. Seine Mutter bemerkte seine Unruhe. Sie fragte ihn nach dem Grund, doch Adel schwieg. Zum ersten Mal in seinem Leben spürte er, dass ein Geheimnis nur ihm gehörte.

An einem Sonntag beschlossen die Eltern, eine Familie im nahen Neckargemünd zu besuchen. Adel schob gewitzt eine schwere Hausaufgabe, die er am Montag abgeben musste, als Entschuldigung vor, damit er zu Hause bleiben konnte.

Mit fiebernden Händen legte er das Buch auf den Hocker. Er schrak nicht mehr vor dem Rauch zurück, sondern wartete ungeduldig auf den alten Räuber.

»Heute zitterst du noch mehr!«

»Ich habe schon ungeduldig eine ganze Weile auf dich gewartet! Nun erzähl doch bitte weiter!«

»Lies den Titel!«

Adel schaute auf die aufgeschlagene Seite.

»Das wunderbarste Tier der Erde: das Kamel.«

Als er die Überschrift gelesen hatte, fing der alte Räuber an zu erzählen, wie ein Kamel ihm einst das Leben gerettet hatte. Er schwärmte lange von den Eigenschaften des Wüstenschiffes, ohne das die arabische Kultur nicht denkbar gewesen wäre. Die Araber bewunderten das Kamel so sehr, dass sie das Wort »Schönheit« von seinem Namen ableiteten. Er lobte das einzigartige Gedächtnis des Tieres, das sich nicht nur an verschüttete Wüstenwege und Wasserquellen erinnerte, sondern seine Peiniger auch noch Jahre später wiedererkannte und bestrafte.

Lange schwärmte der Großvater vom großartigsten aller Tiere, und Adel wartete geduldig auf das Ende der Geschichte. Sie langweilte ihn etwas, aber er hörte gerne die tiefe Stimme des alten Räubers, und als ob dieser es spürte, erhob er seine Stimme, um die Aufmerksamkeit seines Zuhörers erneut zu fesseln.

». . . und das Kamel kann besser als der Mensch eine Oase von einer Fata Morgana unterscheiden. Wären die Menschen Kamele, hätten sie uns einige Dummheiten erspart.«

Ungeachtet der lauten Stimme seines Großvaters gähnte Adel herzhaft. Und als der alte Räuber auch noch von der Kunst der Kameltreiberei schwärmte, wollte Adel beinahe das Buch zuklappen.

»Und ich sage dir, nur die Aquarellmalerei ist schöner!«, rief der alte Mann noch ganz erregt.

»›Kameltreiber‹ ist doch ein Schimpfwort!«, wandte Adel ein und winkte geringschätzig mit der Hand.

»Was sagst du da? Ein Schimpfwort? Bei welchen Barbaren lebst du!«

»Überall schimpfen die Leute so. Sogar mein Freund Horst sagt es, wenn ich ihn ärgere!«

»Dann ist er kein Freund. Ich kenne ihn nicht, aber ein Dummkopf ist niemals ein guter Freund. Weiß dieser Barbar, dass ein Kamel alle Sprachen der Welt versteht?«

»Ach Opa, du übertreibst! Ein Kamel ist doch noch dümmer als ein Esel.«

»Das ist sein Geheimnis, mein Junge. Schlauer als der Fuchs zu sein und dümmer als der Esel zu scheinen. Du kannst es erfahren, wenn du willst.«

»Soll ich mit einem Kamel Latein reden?«

»Ich weiß nicht, ob das Kamel Latein braucht, aber wenn du das Schlüsselwort lernst, es in deinem Herzen trägst und einem Kamel sagst, wirst du staunen, was . . .«

»Was ist das für ein Wort?«, unterbrach Adel seinen Großvater neugierig.

»La Dimokratia Bidun Hukuk Alakaliat Wa Huriat Almarat. Al Hal Alwahid Hua Al . . .« *(Die fehlenden Wörter verweigert der Autor, damit die Kamele in Ruhe gelassen werden. – Der Verlag)*

Am Freitag war der Vater noch in der Bäckerei. Die Mutter ging einkaufen, und das verabredete Fußballspiel im Verein fiel aus. Adel trieb sich gelangweilt in der Wohnung herum.

Plötzlich erinnerte er sich seines Großvaters und beschloss, die halbe Stunde, bis die Mutter zurückkommen würde, bei ihm zu verbringen. Er holte das Buch und blätterte lustlos darin herum, aber weder Rauch noch der alte Räuber kamen zum Vorschein. Unruhe packte Adel. Er behielt das Fenster im Auge, um die Rückkehr seiner Mutter aus dem Supermarkt nicht zu verpassen. Er blätterte und blätterte, dann warf er das Buch in den Schrank, schraubte die Rückwand zu und eilte hinaus, um seiner Mutter eine der schweren Einkaufstüten abzunehmen. Was war mit dem Großvater passiert? War er nun zum zweiten Mal gestorben? Oder hatte das Buch seinen Zauber verloren?

In den folgenden Tagen wuchs die Unruhe in Adel noch; er brannte darauf, das Buch noch einmal in die Hand nehmen zu können. Er aß wenig und spielte kaum mit den Jungen seiner Klasse.

Wie Regen nach einem schwülen Nachmittag erlöste Adel nach ein paar Tagen die Nachricht, die Eltern würden am Samstag zu einem Beschneidungsfest nach Eppelheim fahren. Er schaute den Eltern nach, stürzte dann ins Zimmer und schlug das Buch mit zitternden Händen auf.

»Wo warst du? Ich habe mir Sorgen um dich gemacht!«, schrie Adel seinen Großvater aufgeregt an.

»Erst grüßt ein Araber, auch wenn er einem Feind begegnet!«, tadelte ihn der alte Mann.

»Ja, grüß dich! Wo warst du?«, brummte Adel.

»Ja, auch ich grüße dich herzlich. Ich war immer in deiner Nähe.«

»Aber ich habe es versucht, du kamst nicht heraus.«

»Zu einem guten Buch gehören wie in der Liebe zwei: ein guter Autor und ein guter Leser. Der beste Leser macht ein schlechtes Buch nicht besser, und was nützt die schönste Geschichte, wenn du gelangweilt darin herumblätterst. Hast du mit einem Kamel gesprochen?«

»Ich habe die Formel, dieses komische Zauberwort, vergessen!«, gestand der Junge.

Adel lernte an jenem Abend nicht nur das Schlüsselwort, sondern genoss wieder aufregende Stunden mit seinem Großvater und dessen Abenteuern.

Am nächsten Tag eilte Adel in den Heidelberger Zoo. Er beachtete weder die Affen noch die Flamingos. Ihn interessierte nur ein Tier.

Da stand das Kamel, kaute und schaute unbeteiligt in die Gegend. Adel lehnte sich an den Zaun des Geheges. Sein Herz klopfte aufgeregt. Er sprach die Worte laut und deutlich, die er auf dem Weg zum Zoo mehrmals wiederholt hatte. Plötzlich schaute ihn das Kamel mit aufgerissenen Augen an.

»Hallo, Junge!«, rief es überrascht und rannte zum Zaun.

Adel streichelte es an der Schläfe.

»Wieso kennst du das Schlüsselwort? Du bist doch noch so jung!«

»Mein Großvater hat es mir gesagt. Er war ein berühmter Räuber in Syrien und hat sich mit Kamelen angefreundet, nachdem sie ihm das Leben gerettet haben . . .«

»War dein Opa vielleicht Adel der Gerechte?«, wollte das Kamel wissen.

»Ja, woher weißt du das?«, fragte Adel überrascht.

»Meine Urgroßmutter hat ihn, als er verwundet war, drei Tage auf ihrem Rücken getragen, bis sie ihn in einer Oase in Sicherheit wusste. Überall erzählte sie von seinen edlen Eigenschaften. Er war einer der wenigen Freunde der Kamele. So, so, diese Stammbaum hat dich also zu mir geführt.«

»Mensch, Kamel, du sprichst verdammt gut Deutsch, aber es heißt ›der‹ und nicht ›die‹ Baum.«

»Die Baum ist fruchtbar, und alles Fruchtbare ist weiblich, ob die Deutschen wollen oder nicht.«

»Meine Güte, wenn dich unser Deutschlehrer hört, kriegt er eine rote Birne. Kannst du wirklich so viele Sprachen?«

»Ich spreche vierzig und verstehe zweiundneunzig Sprachen.«

»Aber warum sprichst du dann nie?«

»Warum sollte ich? Damit ich noch mehr für den Menschen arbeite?! Am Ende reicht es ihm nicht, dass ich seine Lasten trage, dann muss ich auch noch für ihn übersetzen.« Das Kamel schaute zur Seite und hielt inne.

»Still!«, flüsterte es. »Jetzt kommt der Rentner. Jeden Sonntag dasselbe!«

Ein alter Mann näherte sich dem Kamelgehege, blieb stehen, kramte aus seiner Tüte ein Stück trockenes Brot und warf es dem Kamel zu.

»Hier, ham, ham, schmeckt gut?«, rief er begeistert. Das Kamel schaute ihn an, trat auf das Brot und drückte es in den weichen Boden.

»Ja, was ist denn los? Die Brüder werden hier wohl überfüttert! Damals im Krieg hätten wir uns nach einem solchen Stück alle zehn Finger geleckt. Dafür haben sich Leute sogar umgebracht! Und heute! Da ist sich sogar ein Kamel zu gut dafür!«

»Vielleicht mag das Kamel Käsekuchen«, scherzte Adel.

»Käsekuchen?«, wiederholte der Mann verwundert. »Warum nicht gleich einen Obstler?«

»Ja, ein Schnaps wäre nicht schlecht«, rief Adel, und das Kamel zwinkerte ihm unbemerkt zu.

»Blöde Viecher!«, zürnte der Rentner und ging leise schimpfend zum Gehege der Ziegen, die ihm dankbar entgegenmeckerten.

»Jeden Sonntag dasselbe, trockenes Brot, das nach gar nichts schmeckt«, beschwerte sich das Kamel.

»Aber der Mann hat es doch gut gemeint. Warum bist du so undankbar?«

»Dankbar soll ich sein? Wofür denn? Ich bin doch kein Hund, der für einen lausigen Knochen ein Haus beschützt, als wäre es das seine. Sie geben mir zu fressen, weil sie etwas von mir wollen. Entweder eine Last tragen, mit der sich ein Elefant nicht vom Boden erheben kann, oder sie sperren mich in den Zoo und weiden sich an meiner Langeweile. Dafür soll ich auch noch dankbar sein?«

»Du übertreibst wie mein Opa. Ein Elefant trägt so viel wie fünf Kamele.«

»Du hast mir nicht richtig zugehört. Dein Großvater hatte bessere Ohren. Ich sprach vom Erheben und nicht vom Tragen. Ein Elefant kann sich nicht mit derselben Last vom Boden erheben wie ich. Er hat nicht meinen wunderbaren Hals, mit dem ich die Last ausbalanciere.«

»Und hier im Zoo? Du hast es doch gut hier, kannst gemütlich im Schatten der Bäume fressen. Ich wäre gerne ein Kamel.«

»Ach, junger Freund, wünsche dir das bloß nicht. Hier werde ich nur fett. Ich liebe die Wüste. Sie ist ein Stück meiner Kindheit. Ich träume jede Nacht lange von ihr.«

Adel dachte an seinen Großvater im Zelt und an seine eigene Sehnsucht nach großen Reisen.

»Ich will dir helfen«, murmelte er und fühlte, dass er sich damit vielleicht selbst seinen Traum erfüllen könnte.

»Sag das, lieber Freund, nicht noch einmal. Du weckst in mir Hoffnungen, die ich schon längst begraben habe.«

»Doch, ich will, dass du frei wirst«, rief Adel.

Seit diesem Sonntag war Adel wie verwandelt. Er fand keine Ruhe mehr. Wie könnte er das Kamel aus dem Zoo befreien? Und wie sollte er ihm helfen, in die Wüste zurückzukehren? Als er seinem Großvater von seinem Vorhaben erzählte, strahlte dieser zuversichtlich; aber einen Rat konnte er nicht geben, da er weder Heidelberg noch den Weg in die Wüste kannte. Er sprach Adel jedoch Mut zu.

Auf einem Spaziergang im Wald nahe bei Heidelberg entdeckte Adel eine große Höhle. Der Eingang lag versteckt hinter einem Brombeerstrauch. Adel eilte zum Zoo, um seinem Freund, dem Kamel, von diesem kleinen Fortschritt zu berichten. Als er das Gehege erreichte, kam das Kamel gleich angelaufen.

»Ich habe dich vermisst. Wo warst du die letzten Tage?«, fragte es sichtlich verärgert.

»Ich habe ein Versteck gefunden, in dem du dich aufhalten kannst, bis wir einen Weg in die Wüste wissen.«

»Und ich habe beschlossen, alles zu wagen. Einmal im Leben muss ein Kamel seine Angst besiegen. Steig auf!«

»Was willst du machen?«

»Das, was ich schon längst hätte machen sollen. Steig auf!«, brüllte das Kamel entschlossen, als sich gerade zwei Frauen dem Zaun seines Geheges näherten. Das Kamel ging in die Knie, Adel kletterte über den Zaun und setzte sich auf seinen Rücken.

»Halt dich fest!«, rief das Kamel laut.

»Das Kamel spricht Deutsch!«, rief die ältere der beiden Frauen verwundert. Gerade wollte sie über Adel schimpfen, als das Kamel Anlauf nahm und über den Zaun sprang.

Entsetztes Geschrei begleitete die beiden durch die Gänge und Wege des Heidelberger Zoos. Ein Wächter kam angerannt, breitete die Arme aus und rief: »Runter vom Kamel. Das ist verboten. Runter!«

Aber das Kamel sauste an ihm vorbei, rief Adel noch einmal zu: »Halt dich fest!«, und sprang mit einem gewaltigen Satz über die Zoomauer.

»Das gibt's doch nicht!«, schrie der Wächter und raufte sich die ergrauten Haare.

»Doch, Alter! Das gibt's!«, rief ein Punk und streichelte die Ratte auf seiner Schulter.

Lange rätselte man an diesem Abend, wohin das Kamel geflüchtet war. Manche Autofahrer wollten es in Karlsruhe, andere in Schriesheim gesehen haben.

Am nächsten Tag amüsierten sich die Heidelberger über den Zoodirektor. Er hatte erst spät in der Nacht bei seiner Geliebten von der Flucht des Kamels gehört. Ich kann dem Leser aber nicht garantieren, dass folgende Verse vom Zoodirektor stammen. Soweit ich weiß, dichtet er überhaupt nicht, aber zwei Heidelberger, Klaus R. und Manfred M., haben mir versichert, dass der Zoodirektor am späten Abend lallend folgende Verse gesungen habe:

>*»Ich hab mein Kamel in Heidelberg verloren*
> *In einer lauen Sommernacht,*
> *Ich war verliebt bis über beide Ohren,*
> *Und widerlich hat das Kamel gelacht . . .«*

24

Auf jeden Fall regte sich die Presse mächtig auf. Ein Kamel sei schließlich keine Mücke, die so einfach verschwinden könne. Am meisten aber war Bürgermeister Lösch verstimmt. Die Wahlen standen an, und er konnte sich einen solchen Skandal nicht leisten. Er rief empört den Zoodirektor zu sich und teilte ihm ungeschminkt seine Meinung mit.

Weit entfernt vom Rathaus saß indessen Adel in der Höhle und streichelte liebevoll das Kamel.

»Mein Opa hat doch nicht übertrieben. Du bist wirklich ein prachtvolles Tier. Wie hast du nur die ganzen Jahre die Langeweile ertragen, obwohl die hohe Mauer gar kein Hindernis für dich war?«

»Ich konnte vorher nicht über den Zaun springen. Wenn du aber einen guten Freund hast, sind dir Dinge möglich, von denen du bisher nur geträumt hattest. Du hast dich auch wie der beste Kameltreiber gehalten. Bist du jemals geritten?«

»Ich?! Ich hatte sogar Angst, auf einem kleinen Esel zu reiten«, antwortete Adel und bekam noch jetzt eine Gänsehaut bei der Vorstellung, auf dem Rücken eines Kamels eine drei Meter hohe Mauer übersprungen zu haben.

Tag für Tag sah Adel nach seinem Freund und beide erzählten sich ihre geheimsten Träume. Eines Morgens sagte das Kamel plötzlich: »Bald werde ich in die Wüste gehen, aber vorher wirst du auf mir ein paar Runden durch Heidelberg reiten!«

»Sie werden uns fassen und dich wieder in den Zoo stecken!«

»Das werden sie bestimmt nicht. Hab Mut!«

Adel sprang auf den Rücken des Kamels und hielt sich fest. Zum ersten Mal verstand er, warum sein Großvater von der Kameltreiberei geschwärmt hatte. Die Sonne strahlte über Heidelberg. Touristen bevölkerten den Schlossgarten, gerieten über die herrliche Aussicht in Entzücken und fotografierten die Stadt am Neckar. Aus heiterem Himmel stürmte das Kamel vorbei und rannte laut brüllend die Straße zur Altstadt hinunter. Die ahnungslosen Touristen hielten das für einen gelungenen Einfall des Bürgermeisters und verknipsten begeistert ihre Filme.

Die Fußgängerzone war, wie immer an sonnigen Tagen, voll von Leuten, die schlendernd den Tag genossen oder, in den Straßencafés sitzend, die Vorbeigehenden musterten. Auf einmal tauchte das Kamel auf, stürmte in großen Schritten über die Hauptstraße und warf Stände und Blumenkübel um. Die schläfrigen Gäste der Straßencafés wurden aus ihrem leichten Schlummer gerissen, sprangen überrascht auf und starrten dem Kamel nach, das in eine Seitengasse, die zum Neckar führte, einbog. Im selben Moment fuhr ein Mann äußerst vorsichtig mit seinem nagelneuen Wagen durch diese Straße. Die am Bürgersteig parkenden Autos ließen nur eine schmale Gasse in der ohnehin engen Einbahnstraße frei. Plötzlich sah der Fahrer das Kamel auf sich zugaloppieren.

»Halt, das ist eine Einbahnstraße!«, schrie er entsetzt.

Das Kamel zögerte keinen Moment, trat auf die Motorhaube, dann auf das Dach, auf den Kofferraum und sprang davon. Der Mann, der im letzten Augenblick gebremst hatte, fuhr benommen bis zum Stoppschild am Ende der Straße, als ein Polizist auf ihn zutrat, der das zerbeulte Auto gesehen hatte.

»Was ist denn los?«, fragte der Beamte und musterte den aufgeregten Mann.

»Sie werden es mir nicht glauben. Ein Kamel ist über mein Auto hinweggelaufen!«

»Ein Kamel? Sagen Sie, sind Sie ganz sicher, dass es kein Elefant war?«

»Ich kann doch wohl noch ein Kamel von einem Elefanten unterscheiden! Was denken Sie denn von mir!«, zürnte der Mann.

Seine Alkoholfahne wehte in die empfindliche Nase des Ordnungshüters, der erheitert den Kopf schüttelte.

»Pusten Sie erst einmal hier hinein, dann werden wir sehen, ob es sich nicht doch um einen Elefanten gehandelt hat.«

Er reichte dem Mann das kleine Röhrchen, der Pechvogel pustete hinein und der Polizist kassierte den Führerschein.

In der Zwischenzeit rannte das Kamel über die Alte Brücke, bog in die Ziegelhäuser Landstraße ein, lief in großer Geschwindigkeit an den staunenden Autofahrern vorbei und verschwand wieder spurlos.

Die Tage vergingen und der »Kameltreiber von Heidelberg« wurde zum Stadtgespräch. Adel fühlte sich glücklicher als je zuvor. Bürgermeister Lösch ließ überall Radarkameras anbringen, doch die Bilder zeigten alle überdeutlich nur den Hintern eines Kamels.

Die wiederholte Frage nach dem Verbleib des Kamels entnervte den Bürgermeister zusehends, und als drei Vertreter einer Protestbewegung noch als Kamele verkleidet in das Rathaus kamen, verlor der gute Lösch gänzlich die Kontrolle. Er prügelte auf die drei ein und stürzte unter dem Gelächter der Stadträte aus dem Saal.

Eine seltsame Welle rollte über Heidelberg hinweg. Man bezeichnete sie als das Kamelfieber. Das Lokal »Zum goldenen Ritter« nannte sich nun »Schänke zum Kamelritt«. Das große Aerobiccenter verwandelte sich zum Bauchtanzlokal, und der Uniplatz wurde über

Nacht in den Kamelplatz umgetauft. Das beste Hotel der Stadt bezeichnete sich stolz als »Karawanserei«.

Adel ging weiter zur Schule, schlich aber immer wieder zu dem Kamel und ritt auf ihm durch die Stadt. Wie ein Gewitter brachen beide über sie herein, und genauso plötzlich verschwanden sie. So oft Adel konnte, holte er das Buch aus dem Schrank und erzählte seinem Großvater von seinen Abenteuern mit dem Kamel. Dann seufzte der alte Räuber: »Du hast es gut! Ich sehne mich so sehr nach einem Ritt.«

Und als Adel seinem Großvater erzählte, wie das Kamel in einer Nacht viele Autos in Heidelberg zerbeult hatte, fing der alte Räuber an zu weinen.

»Warum weinst du?«

»Ich weine aus Freude«, schluchzte der alte Mann. »Ich war der berühmteste Räuber Syriens, bis die Autos die Straßen eroberten. Von diesem Zeitpunkt an konnte ich nichts mehr ausrichten. Ich ritt ihnen nach, bekam aber nur die Abgase in meine Nase. Ich wurde erst krank und dann arbeitslos. Du hast mich mit deinem Freund an diesen gottverdammten Teufelsmaschinen gerächt!«

Eines Tages erzählte Adel dem Kamel begeistert vom Erdkundelehrer, der fast eine Stunde über den Einfluss der arabischen Kultur auf die Menschheitsgeschichte gesprochen hatte, aber das Kamel schien sich nicht dafür zu interessieren. Es kaute bedächtig und blickte geistesabwesend in die Ferne.

»Du hörst mir heute gar nicht zu«, beklagte sich Adel vorwurfsvoll.

»Doch, aber du freust dich zu früh. Ich wollte, dass die Menschen durch unseren Ritt durch ihre Stadt verstehen, dass du hier zu Hause bist. Dass du zwar anders, aber ihnen doch näher als den Kindern von Damaskus bist. Und was ist daraus geworden? Schilder, Zigaretten und Bauchtanzlokale. Wir sind nur noch das Feigenblatt ihrer Dummheit. Bald, wenn ich hier verschwunden bin, werden sie uns vergessen.«

»Willst du bald gehen?«, fragte Adel angsterfüllt.

»Ich muss. Meine Sehnsucht nach der Wüste lässt mich nicht mehr schlafen. Du lebst unter deinen Freunden, aber ich . . .«

Adel nahm den Kopf seines Freundes in die Arme.

»Nein, du wirst bei mir bleiben!«, rief er und weinte.

»Glaubst du wirklich, ich könnte die Tage mit dir vergessen? Ich kann nicht einmal dein Lächeln vergessen. Mein Schicksal ist es, ein gutes Gedächtnis zu haben. Es ist gleichermaßen eine Gabe und ein Fluch.«

»Es muss doch einen Weg geben!« Adel wischte seine Tränen weg und streichelte mit der flachen Hand den Hals des Kamels.

Lange sprachen die Freunde an diesem Nachmittag miteinander, und als sich Adel am Höhleneingang verabschiedete, war von Trauer keine Spur mehr geblieben. Seine Augen glänzten.

»Versprichst du mir, dass du wach bleibst, bis ich es schaffe?«, bat Adel.

»Ja, ich werde in Gedanken jede Sekunde bei dir sein und damit die Müdigkeit vertreiben.«

Adel eilte nach Hause.

Tagelang malte er auf großen Blättern immer wieder eine weite Wüste, und wenn seine Mutter abends das Licht ausmachte und zum Vater ins Zimmer ging, sprang Adel aus dem Bett und malte beim Licht der nahen Straßenlaterne weiter. Er war sicher, dass sein Freund, das Kamel, in der Höhle wach geblieben war und an ihn dachte. Hunderte von Blättern verwarf er, bis ihm endlich am frühen Morgen des dritten Tages eine Wüste gelang, die ihn ganz mit Zufriedenheit erfüllte. Er schaute das Bild lange träumend an. Seine müden Augen weiteten sich.

»Bist du es?«, fragte er unsicher.

»Wer denn sonst?«, antwortete das Kamel und trat in die Bildmitte.

Erschöpft ging Adel in das kleine Zimmer, verschloss die Tür hinter sich und holte das Buch heraus. Nach einer langen Zeit kam er wieder heraus.

»Jetzt werden wir für immer zusammenbleiben!«, flüsterte er und fiel todmüde ins Bett.

Seine Mutter, die in der Mittagszeit nach Hause kam, wunderte sich über ihren schlafenden Sohn, der nicht aufstehen wollte, auch dann nicht, als sie ihm sagte, seine Freunde wollten mit ihm Fußball spielen.

Und am nächsten Tag, einem Samstag, machte Adels Vater große Augen, als er das Buch aufschlug. Der Rauch wich zurück. Alles war wie immer, das Zelt, die Palme, die Feuerstelle, und der alte Räuber saß wie gewöhnlich auf seinem Teppich. Nur ein Kamel stand jetzt neben dem Zelt, knabberte an einem dürren Strauch und lächelte ab und zu geheimnisvoll. Als Adels Vater den alten Räuber fragte, woher das Kamel so plötzlich käme, rief dieser: »Das ist eine lange Geschichte, die du mir nie glauben wirst, aber ich erzähle sie dir trotzdem: Vor nicht allzu langer Zeit lebte ein Junge namens Adel in der alten Stadt Heidelberg . . .«

Der Schnabelsteher

Auf einem alten Walnussbaum lebten einst viele Raben. Der Baum, der früher genug Platz geboten hatte, verlor mit den Jahren seine morschen Zweige und Äste. Keiner der Raben aber dachte daran, deswegen in den nahen Wald umzuziehen, denn dort war es finster, und von keinem anderen Baum aus hatten sie eine solche Sicht wie von dem großen Walnussbaum, der einsam auf dem weiten Feld stand.

In einem der Nester lebte ein kleiner Rabe allein mit seiner Mutter. Sein Vater war einem mächtigen Adler zum Opfer gefallen, kurz nachdem der kleine Rabe aus dem Ei geschlüpft war. So musste die Mutter mit ihrem Sohn ihr Nest räumen und in eine ärmliche Behausung auf den untersten Ästen ziehen. Oft saß der kleine Rabe einsam im Nest, denn seine Mutter musste allein für ihn sorgen, und wenn ihm langweilig wurde, kletterte er aus dem Nest und hüpfte über die Zweige zu den anderen Rabenkindern. Die Nachbarn ärgerten sich darüber und verscheuchten ihn.

»Eine schlampige Rabenmutter hat dieser Bengel«, krächzten sie. Sie waren entsetzt, denn ihre Kinder wollten genau wie der kleine Rabe aus dem Nest springen und von Zweig zu Zweig hüpfen.

»Es ist noch zu früh«, mahnten die Eltern und waren erbost darüber, dass der kleine Rabe immer wieder rief: »Meine Mutter ist die beste Mutter der Welt. Sie sagt, es ist nie zu früh.«

»Scher dich zum Teufel mit deiner Mutter!«, zürnten die Nachbarn.

Ob es kalt war oder warm, der kleine Rabe spielte den ganzen Tag und wagte es, jeden neuen Tag etwas weiter zu springen. Manchmal war sein Sprung zu weit und er purzelte auf den Boden, dann rief er um Hilfe, aber die Nachbarn krächzten verächtlich: »Deine Beine haben dich hinuntergetragen, lass deine Flügel dich wieder hinauftragen!«

Der kleine Vogel musste dann warten, bis seine Mutter nach Hause kam und ihm ins Nest half.

»Gräme dich nicht! Deine Flügel werden bald stark genug sein, dann kannst du dir selbst helfen«, tröstete die Mutter und streichelte den Kopf ihres zornigen Sohnes.

Von Tag zu Tag erfand der kleine Rabe neue Spiele, und eines Tages hüpfte er kopfüber und stellte sich auf seinen Schnabel. Er streckte seine Flügel aus und schaffte es, eine Weile das Gleichgewicht zu halten.

»Bravo!«

»Toll machst du das!« Die Rabenkinder spendeten ihm herzlichen Beifall. Der kleine Rabe war außer sich vor Freude. Ein wackeres Getümmel der Kinder und entsetztes Geschrei der Eltern überzog die Nester, als nun alle Rabenkinder sich auf ihre Schnäbel stellen wollten und ihre Behausungen zerwühlten.

»Er ist verrückt geworden. Stellt sich auf den Schnabel und verdirbt unsere Kinder. Nicht zu fassen! Nur Flausen hat er im Kopf!«, empörte sich ein kräftiger Nachbar.

»Kinder brauchen das Spiel. Was haben sie sonst von der Kindheit?«, nahm die Mutter ihren Sohn in Schutz. Viele Kinder, die den Streit mit anhörten, nickten ihr heimlich zu, und sie lächelte zurück.

Eines Tages hörte der kleine Rabe eine Großmutter im Nachbarnest ihren Enkeln zurufen: »Wenn ihr artig seid und nicht mehr auf dem Schnabel steht, erzähle ich euch ein Märchen.« Da die Kinder Märchen über alles lieben und wissen, dass Omas ein gutes Herz und ein schlechtes Gedächtnis haben, versprachen sie hoch und heilig, nie wieder auf dem Schnabel zu stehen. Die Großmutter hüstelte kurz, und der kleine Rabe sperrte wie die drei Enkel die Ohren auf.

»Es war einmal ein Rabe, der lebte zufrieden und glücklich mit den anderen Raben zusammen. Eines Tages hörte er vom König aller Vögel, dem Pfau. Der Pfau ist der schönste Vogel auf Erden. Er kann von Sonnenaufgang bis Sonnenuntergang seine wunderschönen Federn zu einem Rad schlagen, das die Schönheit der Sonne und des Mondes übertrifft. Er bezaubert die Welt mit seiner Kunst.

Der Rabe wollte seine Freunde auch bezaubern und der König der Raben werden. Er reiste zu dem Pfau, der hinter dem finsteren Wald auf seiner königlichen Wiese lebte. Nach einer beschwerlichen Reise konnte er, verzückt wie alle Tiere, den Pfau bestaunen. Er atmete tief ein, dass seine Brust anschwoll, und reckte sich zu einem stolzen Gang. Schritt für Schritt folgte er dem Pfau.

›Du dummer Vogel!‹, rief der Pfau seinem schmächtigen Nachahmer zu. ›Ein Rabe bleibt ein Rabe, auch wenn er sich aufbläst.‹

Aber der Rabe wollte nicht auf den Rat Seiner Majestät hören. Er übte tagelang. Seine Glieder schmerzten ihn ungemein. Zu wandeln wie ein Pfau ist für Raben nicht einfach. Nach vielen Tagen konnte der Rabe so herumstolzieren wie sein Vorbild.

Na ja, sagte er sich, ein Rad kann ich mit meinen kurzen Federn zwar nicht schlagen, aber ich kann genau wie ein Pfau mit erhobenem Haupt herumstolzieren. Er kehrte zu den Raben zurück und marschierte vor ihnen auf und ab. Doch sie lachten nur über den Raben, der immer wieder rief: ›Schaut her! Schaut her, wie schön ich gehen kann!‹

›Pass auf, dass du nicht platzt!‹, höhnten einige Vögel, und andere fragten hämisch: ›Hast du eine Melone verschluckt?‹

Dem Raben taten Brust und Rücken weh, aber am schmerzhaftesten traf ihn der Hohn seiner Freunde. Nach ein paar Tagen gab er sein pfauenhaftes Getue auf und wollte wieder wie ein Rabe gehen. Aber er hatte es verlernt. So ging er einen Schritt wie ein Rabe und den nächsten wie ein Pfau – die anderen lachten nun erst recht über ihn. Der Rabe lebte unglücklich bis ans Ende seines verpfuschten Lebens. Und so wird es jedem ergehen, der vergisst, dass ein Rabe kein Pfau werden kann«, betonte die Großmutter die Moral der Geschichte.

»Den ganzen Tag Rad schlagen?«, fragte der kleine Rabe vorlaut.

»Ja, den ganzen Tag«, antwortete die Großmutter freundlich.

»Das ist ja langweilig! Was tut der Pfau sonst noch?«, wollte der neugierige Junge wissen.

»Ja, Oma! Was tut er noch?«, riefen die Enkel. Die Großmutter schaute den kleinen Raben missmutig an.

»Was verstehst du, Schnabelsteher, vom Leben? Es ist nur Seiner Majestät möglich, ein Rad zu schlagen. Scher dich zum Teufel!«

Der kleine Rabe entfernte sich vom Nachbarnest und grübelte den ganzen Tag. Als die Mutter abends nach Hause kam, wunderte sie sich über ihren Jungen, der nicht einmal essen wollte.

»Mutter! Warum schlägt der Pfau den ganzen Tag ein Rad?«

»Das ist nun mal so, mein Sohn. Er ist von Geburt an König!«

»Mutter, ich will zu dem Pfau gehen und ihn fragen, warum er das tut.«

Die Mutter bemerkte die glänzenden Augen ihres Kindes und begann zu weinen.

»Du kannst doch nicht fliegen. Die wilden Tiere werden dich fressen. Denk an deinen seligen Vater! Bleib hier und mach mich nicht unglücklich!«, bat sie und schluchzte, denn sie hatte als Kind auch das Märchen vom unglücklichen Raben gehört.

Die Tage vergingen, aber von Tag zu Tag wuchs die Unruhe des kleinen Raben. Des Nachts träumte er, dass ihm mächtige Flügel wuchsen, mit denen er über den Wald und den hohen Berg flog. Am Tage aber landete er immer wieder nach ein paar hilflosen Flügelschlägen auf dem Boden.

Eines Morgens jedoch entschloss sich der Rabe, den Pfau zu suchen. Er wartete nicht, bis seine Mutter zurückkehrte, denn immer, wenn sie weinte, fühlte er sich wie gelähmt. So hüpfte er auf das Feld, sammelte ein paar bunte Blumen und flog zum niedrigen Ast zurück. Das konnte er inzwischen gut. Er legte die Blumen als Dank für seine Mutter ins Nest, verabschiedete sich von den Nachbarn und machte sich auf den Weg.

»Armer Trottel. Das hat diese Schlampe nun davon«, hörte er die Nachbarn gehässig über seine Mutter lästern.

Da er noch nicht richtig fliegen konnte, hüpfte er ein paar Schritte, flatterte ein Stück, hüpfte wieder und ruhte sich etwas aus, um wieder eine kurze Strecke fliegen zu können. Gegen Mittag erreichte er den finsteren Wald.

»Ach! Hätte ich doch starke Flügel, ich könnte dann leicht über den Wald fliegen. Jetzt muss ich hindurch«, seufzte er und zitterte vor Angst. Nach einer Weile nahm er all seinen Mut zusammen und hüpfte in den Wald hinein.

»Ach, was sehe ich da?«, zischte plötzlich eine Schlange. Sie lag auf einer kleinen Lichtung und sonnte sich.

»Wer bist denn du?«, fragte der kleine Rabe erstaunt, denn er sah zum ersten Mal eine Schlange.

»Ich bin der Freund aller Raben. Komm, lass dich umarmen!«, säuselte die Schlange und schlürfte begierig die Spucke, die ihr im Mund zusammengelaufen war.

Der kleine Rabe fuhr vor Schreck zusammen. »Du hast aber keine Flügel. Was hast du für spitze Dinge im Schnabel?«, fragte er misstrauisch, als er die Giftzähne der Schlange sah.

»Ach die, sie sind mein Schmuck«, beschwichtigte ihn die Schlange und kroch langsam auf ihn zu.

»Halt! Komm nicht näher! Dein Schmuck macht mir Angst. Nimm ihn ab, bevor du mich umarmst«, sagte der Rabe und trat ein paar Schritte zurück.

»Ich wollte ihn dir schenken. Trage ihn am Hals und du wirst der schönste Rabe weit und breit sein«, flüsterte die Schlange verführerisch.

»Ich will aber keinen Schmuck am Hals haben. Meine Mutter sagt immer, wir Raben sollen den Hals frei halten«, rief der kleine Rabe störrisch und eilte weiter auf seinem Weg, die Flüche der Schlange hinter sich zurücklassend.

Der Boden im Wald war mit Zweigen und morschen Stämmen bedeckt, und der Rabe hatte Mühe, all die Hindernisse zu überwinden. Er stolperte, stand wieder auf, fluchte kräftig und ging weiter. Nach langen Stunden der Angst und Mühe erreichte er die Weiden am anderen Ende des finstern Waldes.

Er flog in den Wipfel einer Tanne, um den weiteren Weg zu erkunden, und wunderte sich, dass er nach den Anstrengungen im Wald so leicht den höchsten Zweig der mächtigen Tanne erreichte. Die grüne Wiese war unendlich groß. In weiter Ferne sah er mehrere weiße Tauben, die im Streit lagen. Die Tauben unterbrachen ihren Streit, als sie den kleinen schwarzen Vogel sahen, schüttelten sich und lächelten verlegen. Als der Rabe sie nach dem Weg fragte, fingen sie an zu lachen.

»Da ist schon wieder so ein Rabe, der zum Pfau will!« Die Tauben gurrten belustigt.

»Ich bin die schönste aller weißen Tauben. Ich habe es nicht nötig, den Pfau zu suchen. Ich bin der Traum vom Frieden«, gurrte eine von ihnen.

»Du doch nicht!«, unterbrach eine zweite Taube sie. »Dir fehlen zwei Federn vom rechten und eine vom linken Flügel. Hier, schaut meine Schwingen an. Sind sie nicht prächtig?« Sie flatterte stolz mit ihren Flügeln. Keine Feder fehlte ihr.

»Du? Dass ich nicht lache!«, rief eine dritte mit zerfranstem Schwanz. »Du hast doch eine Glatze«, kicherte sie boshaft und zeigte verächtlich auf den mit Narben übersäten Kopf ihrer Vorrednerin.

»Du hältst den Schnabel! Du Strohbesenschwanz, du!«

Keifend begannen sie wieder, aufeinander einzuhacken. Der Rabe flog weiter; er schüttelte den Kopf und murmelte: »Der Frieden der Tauben ist Krieg.«

Nachdem der kleine Rabe seinen Hunger auf der Weide gestillt hatte, flog er in die Höhe, um nach Wasser zu suchen. Er sah einen kleinen Fluss in der Ferne. Dort angekommen, traf er einen Waschbären. Er grüßte ihn höflich und fragte nach dem Weg zum Pfau.

»Schau diesen Hügel in der Ferne! Die Wege gabeln sich dort. Du fliegst über den linken Pfad, bis du einen kleinen See erreichst. Dort auf einer Wiese lebt dieser Angeber.«

Der kleine Rabe bedankte sich bei dem hilfsbereiten Waschbären und flog davon. Nach einer kurzen Zeit erreichte er die Pfauenwiese an dem kleinen See. Ein Pfau stolzierte mit seinem prächtigen Rad umher, während Frau Pfau in ihrem bescheidenen Kleid nach Essen suchte und ihren Kindern zuredete, die gefundenen Körner aufzupicken. Hasen, Amseln, Fasane und Spatzen schauten verzaubert auf den Pfau.

»Warum bist du so stolz?«, fragte ihn der kleine Rabe vorwitzig.

»Siehst du das denn nicht, dummes Ding? Ich kann von Sonnenaufgang bis Sonnenuntergang ein Rad schlagen.«

»Ja, und?!«, erwiderte der kleine Rabe.

»Das kann kein anderer Vogel«, antwortete der Pfau.

»Hast du keine Augen im Kopf? Sieh doch die farbige Pracht seiner Federn, so etwas hat nicht jeder, dummer Schnabel!«, zürnte die Gans.

»Ja, aber jeder Vogel ist in seinen Federn schön. Schaut, wie meine Federn im Sonnenlicht glänzen und bläulich schimmern«, antwortete der Rabe und versuchte, mit seinen Flügeln die Sonnenstrahlen aufzufangen.

»Bläulich glänzen, haha!«, lachte der Pfau laut.

»Du bist doch pechschwarz!«, rief die Gans.

»Ja, und?! Jeder Vogel ist schön, aber du langweiliger Pfau kannst nichts anderes als Rad schlagen. Kannst du kein Spiel, das die anderen auch spielen können?«, wollte der Rabe wissen.

»Ich kann alles«, antwortete der Pfau.

»Kannst du auf dem Schnabel stehen?«

»Auf dem Schnabel?«, wiederholte der Pfau verdutzt.

»Ja, auf dem Schnabel«, nickte der kleine Rabe, steckte seinen Schnabel in den Sand und mit einem Ruck reckte er seine dünnen Beine in die Luft. Mit seinen Flügeln versuchte er das Gleichgewicht zu halten.

»Irre!«, rief die Elster.

»Toll!«, klatschten die Spatzen.

»Sagenhaft!«, grunzte ein Frischling.

»Nichts leichter als das!«, sagte der Pfau eifersüchtig und versuchte es auch. Kreischend fiel er auf den Rücken und knickte drei seiner langen Federn um.

»Der Wind hat mich umgestoßen«, rief er wütend und schlug ein Rad. Beim nächsten Versuch fiel er aber wieder um und knickte zwei weitere seiner schönen langen Federn. Seine Krone war auch ganz durcheinander geraten. Der kleine Rabe krächzte belustigt, als der Pfau wieder sein Rad schlug, denn das sah mit den geknickten Federn wirklich jämmerlich aus.

Nun hüpften viele Vögel kopfüber ins Gras und versuchten, sich auf den Schnabel zu stellen. Den Spatzen gelang es gleich, die Gans fiel flach auf den Bauch, und die Elster schimpfte laut, weil der Fasan über sie gestolpert war, als sie es beinahe geschafft hatte.

»Das ist ja Unsinn! Schaut lieber zu, wie schön ich mein Rad schlagen kann!«, rief der Pfau wütend und stolzierte aufgeregt vor ihnen herum. Doch kein Vogel interessierte sich mehr für ihn, nicht einmal

Frau Pfau. Sie fand das Schnabelstehspiel nämlich lustig und lachte, weil sie dauernd umfiel, und freute sich, als es ihrem jüngsten Küken gelang.

»Ja, es ist Unsinn, aber es macht mehr Spaß, als immer nur dir zu-zuschauen«, rief der kleine Rabe und krächzte vergnügt, als auch er flach auf den Boden fiel, denn er hatte vergessen, dass er nicht den Schnabel aufmachen durfte, wenn er darauf stand.

»Frecher Bengel, dir werde ich Benehmen beibringen!«, rief der Pfau und rannte hinter dem kleinen Raben her, der eilig in einem Brombeerstrauch verschwand. In seiner Wut vergaß der Pfau, dass er noch seine Federn ausgebreitet hatte, und verfing sich in den dor-nigen Ranken, so dass er weder vorwärts noch rückwärts konnte. Der kleine Rabe aber tauchte auf der anderen Seite wieder auf.

»Wir müssen ihm helfen«, rief er und zupfte eine lange Feder aus dem Rad. Die anderen Vögel kamen ihm lachend zu Hilfe, rupften dem Pfau die Federn und halfen ihm, rückwärts aus den Brombeer-ranken herauszukommen. Wütend schrie der Pfau auf und wollte ein Rad schlagen. Die Vögel lachten über seinen nackten Hintern.

»Du siehst aus wie ein Brathähnchen«, rief Frau Pfau und schloss sich dem Gelächter der anderen an.

Die Vögel aber erfanden viele lustige Spiele mit den Federn. Sie kitzelten sich gegenseitig, fächerten sich Luft zu und schmückten sich damit, als wäre Karneval. Sie warfen eine Feder in die Luft und schauten zu, wie sie sanft auf den Boden segelte.

Der kleine Rabe jedoch trug eine der bunten Federn, so schnell er konnte, nach Hause. Seine Mutter war überglücklich, ihn heil und ge-sund wiederzusehen, und freute sich über das schöne Geschenk, mit dem sie stolz ihr Nest schmückte. Sie küsste ihn, streichelte lange seinen Kopf und hörte aufmerksam seiner Geschichte zu. Auch viele Rabenkinder hörten die Erzählung des tapferen Raben, hüpften aus ihren Nestern und baten ihn, ihnen den Weg zu zeigen. Als sie die Pfauenwiese erreichten, sahen sie, wie die anderen Vögel mit den Pfauenfedern spielten. Das machte ihnen so viel Spaß, dass sie an diesem Tag noch zehn anderen Pfauen die Schwanzfedern raubten und damit nach Hause zurückflogen.

Seit diesem Tag schlägt der Pfau nie mehr sein Rad von Sonnenaufgang bis Sonnenuntergang. Nur kurz entfaltet er seine Federn und kreischt dabei laut, weil er sich an diesen bösen Tag erinnert. Auch passt er höllisch auf, dass kein Rabe in der Nähe ist.

Albin und Lila

Auf einem alten Bauernhof lebten einst viele Hühner und Schweine. Sie lebten dort zufrieden. Vor allem gab es immer genug zu essen und zu trinken. Der Hahn hatte einen prächtigen Misthaufen, auf dem er jeden Morgen die Sonne mit seinem »Kikeriki« begrüßen konnte, und die Schweine hatten eine große schlammige Pfütze, in der sie sich nach dem Mittagessen genüsslich suhlen konnten.

Die Hühner und die Schweine waren sehr höflich zueinander. Wenn sie einander begegneten, sagten sie: »Guten Tag, Herr Nachbar«, oder: »Wie geht es Ihnen, Frau Nachbarin?« Und abends riefen sie: »Gute Nacht!«, bevor sie in ihren Ställen schlafen gingen. Aber trotzdem spielte kein Huhn jemals mit einem Schwein. »Ein Schwein kann nicht einmal über den Zaun fliegen«, dachten die Hühner, während gleichzeitig viele Schweine davon träumten, eines Tages fliegen zu können.

Hin und wieder ärgerte sich der Hahn über ein Schwein, wenn es versuchte, vom Misthaufen auf den Hof hinunterzurutschen, dabei kopfüber auf die Nase purzelte und den ganzen Misthaufen durcheinander brachte.

Auch die Schweine spielten niemals mit den Hühnern. Kein Huhn konnte verstehen, wieso die Schweine sich um die Wette im Schlamm wälzten.

»Nein, meine Federn werden schmutzig. Wir Hühner mögen keine dreckigen Federn«, antwortete deshalb jedes Huhn schnippisch, wenn ein Schwein es zum Spielen einlud. Die Hühner wollten auch nie »Schubsen« spielen; sie hatten Angst, zerquetscht zu werden.

»Was können sie denn außer dem blöden Eierlegen und Fliegen?«, ärgerten sich dann die Schweine und wandten sich grunzend ab.

Manches Huhn wiederum wollte auch so kräftig wie ein Schwein werden, aber sosehr es auch Körner aufpickte, nie wurde ein Huhn so schön rund und kräftig.

Dennoch waren die Hühner zufrieden mit ihrem Leben, und wenn nicht ab und zu ein gemeiner Fuchs durch das kaputte Fenster in ihren Stall geschlichen wäre und eine ihrer Schwestern gerissen hätte, wären sie die glücklichsten Hühner der Welt gewesen.

Die Schweine hatten natürlich keine Angst vor dem Fuchs, und so waren sie alle rundherum zufrieden.

Alle?

Nein! Das Schwein Albin war unglücklich! Albin hatte von Geburt an eine schneeweiße Haut und nicht so eine rosige wie alle anderen Schweine. Deshalb wurde er von den anderen ausgelacht. Wenn die Schweine Versteck spielten, wurde Albin immer als Erster gefunden, sosehr er sich auch bemühte, still hinter einem Busch zu stehen. Nur einmal blieb er lange unentdeckt. Es war Winter und überall lag Schnee. Albin stand ganz still und lächelte zufrieden vor sich hin. Als aber ein Hund kam und Albin für einen Stein hielt, sein Bein hob und pinkelte, quiekte Albin entsetzt. Die anderen Schweine wälzten sich vor Lachen.

»Albin ist ein Hundeklo!«, riefen sie im Singsang, und seit diesem Tag wollte kein Schwein mehr mit ihm spielen. Auch dann nicht, wenn Albin sich wie die anderen im Schlamm gewälzt hatte. »Ach Gott, wie dreckig du bist!« Die das riefen, waren zwar genauso dreckig, aber bei Albin sah man den Schmutz sofort.

So blieb Albin oft allein und träumte von einer Welt voller weißer Schweine.

Eines Tages sah Albin ein altes Huhn verschreckt gackernd aus dem Stall rennen. Der Hahn hatte es wütend verjagt, begleitet vom wilden Gekeife der anderen Hühner. »Elende Henne! Du sollst selber Eier legen!« Und noch vom Misthaufen herab verfluchte der Hahn das ängstliche Huhn als Dieb.

Keuchend erreichte das alte Huhn die ferne Ecke, in die sich Albin bereits zuvor zurückgezogen hatte.

»Na, was hast du denn angestellt?«, brummte Albin gutmütig.

Das alte Huhn holte tief Luft und schüttelte den Kopf. »Ach, nicht der Rede wert, ich bin alt geworden und kann keine Eier mehr legen. Wenn der Bauer das erfährt, steckt er mich in den Topf. Wir sind vierzig Hühner, habe ich ihnen gesagt, und wenn jede Nachbarin mir ab und an ein Ei gibt, wird der Bauer nichts merken.«

»Wie denn? Kann er nicht zählen?«

»Der Bauer zählt die Eier nicht, mal sind es fünfundzwanzig, mal neunundzwanzig. Es macht ihm nichts aus. Wenn er aber sieht, dass immer bei mir ein Ei fehlt, dann wird er mir nicht einmal mehr das Wasser zum Trinken geben, und dann . . .« Das Huhn fing bitterlich an zu weinen.

»Ach so!«, rief Albin entsetzt.

»Ich habe ihnen gesagt, ich könnte ihren Küken Märchen erzählen, wenn sie keine Zeit für sie haben«, schluchzte das alte Huhn, »aber diese Dummköpfe haben mir nicht einmal zugehört. Der Hahn hat mich verstoßen, jetzt mögen mich alle nicht mehr!«

»Ach was, mir macht es nichts aus. Ich mag dich, auch wenn du keine Eier legst. Wie heißt du denn?«

»Lila!«, antwortete das Huhn. »Magst du mich wirklich?«, fragte es dann leise.

»Ja, klar, wenn ich es dir sage! Komm, wir spielen zusammen!«, rief Albin, und die beiden spielten vergnügt den ganzen Tag.

»Schaut her! Schaut her! Der Albin ist übergeschnappt, er hat ein Huhn als Freundin!« Die Schweine schüttelten verständnislos den Kopf.

»Tja, was habe ich gesagt«, krähte der Hahn. »Sie ist verrückt geworden, kein Wunder in dem Alter! Schaut euch nur die dreckigen Federn an. So ist es, wenn ein Huhn ein Schwein zum Freund hat.«

Die Hühner fielen natürlich sofort in das Gezeter des Hahns ein. Aber das machte den beiden Freunden gar nichts aus. Sie erfanden immer neue Spiele und kamen an diesem Tag aus dem Lachen nicht mehr heraus.

Als es Abend wurde, beschlossen beide, draußen auf dem Hof zu bleiben. Sie versteckten sich im Heu, bis der alte Bauer die Stalltüren abgeschlossen und sich mit schweren Schritten ins Haus begeben hatte.

Es war Vollmond. Albin und Lila saßen auf dem Misthaufen und schauten den Mond, die Sterne und die Felder an. Sie erzählten sich Geschichten von ihren Träumen und spürten nicht, wie schnell die Zeit verging. Als es wieder dämmerte, versteckten sie sich tief im Heu. Bald öffnete der Bauer die Türen, der Hahn krähte, aber Albin und Lila schnarchten in ihrem Versteck bis zum Mittag. Von Tag zu Tag und von Nacht zu Nacht verstanden sie sich besser.

Eines Nachts schauten beide tief in Gedanken versunken in die Ferne. Der Vollmond hatte die Felder wieder mit seinem schönen silbernen Glanz überzogen. Albin und Lila konnten sich kaum satt sehen an diesem prächtigen Bild. Doch plötzlich schreckte Lila auf. Sie reckte sich, um besser sehen zu können, und wirklich, jetzt sah sie ihn: den Fuchs! Vor lauter Aufregung bekam sie Schluckauf.

»Was machst du denn für komische Geräusche? Hast du dich verschluckt?«, fragte Albin.

»Der Fu. . ., der Fu. . ., der Fuchs«, stotterte Lila.

»Du brauchst doch keine Angst vor dem Fuchs zu haben! Ich bin doch bei dir«, beruhigte Albin sie stolz.

»Ja, aber die anderen . . .«, flüsterte Lila leise.

»Komm, ich habe eine Idee«, sagte Albin und erklärte Lila seinen Plan.

Beide kicherten leise und eilten zum Hühnerstall. Lila stieg auf Albins Rücken und zog den Riegel auf. Und während Albin vorsichtig in den Hühnerstall schlüpfte, rannte Lila zurück zum Schweinestall, flatterte leise durch das zerbrochene Fenster hinein und versteckte sich unter der Fensterbank. Kein Schwein hatte es bemerkt, aber drüben im Hühnerstall wachte der Hahn auf, als Albin auf dem Weg zum Fenster auf eine Schüssel trat.

»Jetzt bringt dieses verrückte Huhn auch noch das Schwein mit nach Hause!«, rief der Hahn verärgert, und die Hühner gackerten zustimmend.

»Pssst! Seid doch leise! Der Fuchs ist draußen«, flüsterte Albin.

»O Gott, der Fu. . ., der Fuchs«, krächzten die Hühner ängstlich.

Der Fuchs erreichte den Hühnerstall und wollte wie gewohnt durch das kaputte Fenster schleichen, doch er bekam einen Riesenschreck, als er Albin dahinter erblickte.

»Na, alter Fuchs! Wie geht's, wie steht's?«, fragte Albin den verdutzten Fuchs.

»Ach, danke, es geht so, aber sag mal, was machst du denn hier? Das ist doch . . ., das ist doch der Hühnerstall!«

»Nein, hier wohnen jetzt wir. Die Hühner sind in den anderen Stall gezogen«, antwortete Albin laut.

Drüben begann Lila leise zu gackern.

»Ich danke dir«, sagte der Fuchs erleichtert, als er das verräterische Gackern hörte. »Ich wusste nicht, dass Schweine neuerdings den Füchsen helfen.«

»Oh, doch«, erwiderte Albin. »Aber pass auf, die Hühner sind dicker geworden.«

»Na, das ist ja prima! Ich habe riesigen Hunger.« Dem Fuchs lief das Wasser im Mund zusammen. Er machte kehrt, lief über den Hof und sprang mit einem Satz in den dunklen Stall hinein . . .

Die Schweine quiekten erschreckt auf, rannten blind im Stall umher und trampelten den Fuchs nieder. Und jedes Mal, wenn er sich gerade wieder aufrappeln wollte, wurde er erneut von einem Koloss zu Boden geworfen. Der Fuchs schrie so entsetzt und schmerzerfüllt um Hilfe, dass alle Hühner lachten. Denn sie hatten in dieser Nacht zum ersten Mal keine Angst mehr vor dem Fuchs.

»Verfluchter und verhexter Hof! Die Hühner sind zu Schweinen geworden!« Mit größter Mühe hatte sich der Fuchs aus dem Fenster ins Freie gerettet, machte sich davon und schwor laut, diesen Hof nie wieder zu betreten.

»Ich sagte dir doch, sie sind dicker geworden«, klang Albins Stimme noch lange schadenfroh in seinen Ohren.

Der Hahn aber bedankte sich bei Albin und Lila. Er war beschämt, dass er Lila beschimpft hatte, bloß weil sie keine Eier mehr legen konnte. Und die Schweine waren stolz auf ihren Albin, der den schlauen Fuchs reingelegt hatte. Jetzt wollten sie alle mit ihm spielen, aber er spielte weiterhin am liebsten mit Lila.

»Am besten ist es«, rief er übermütig und auch ein wenig stolz seinen Freunden zu, »jede Sau befreundet sich mit einem Hahn und jedes Huhn mit einem Schwein!«

Der Löwe Benilo

Benilo war der jüngste Löwe in seinem Rudel. Er bewunderte seine Mutter und die anderen großen Löwen, wenn sie Gazellen, Antilopen und Gnus rissen. Doch mit der Zeit machte das Geschrei der gejagten Tiere Benilo krank und das Fleisch schmeckte ihm immer weniger.

Er fragte seine Mutter, warum die Löwen nur Fleisch fressen müssten, und sie antwortete: »Das ist schon immer so gewesen.«

Doch Benilo erwiderte: »Aber die Antilopen, Hasen und Tauben leben auch, ohne jemanden zu fressen!«

»Und deshalb bezahlen diese Körner- und Grasfresser mit ihrem Leben«, brüllte der Löwenvater.

Eines Tages probierte Benilo heimlich Kräuter, wilde Wurzeln und Früchte, und sie schmeckten ihm.

Als er ein paar Tage später sah, wie die Schweine unter einem Baum grunzend das Fallobst genossen, lief er hin. Es gab einen Berg von Früchten, die merkwürdig süß schmeckten. Die Schweine waren so übermütig, dass sie ihn schubsten. Ein Affe schlug ihm mit der flachen Hand auf den Hintern. Als Benilo auch einige der süßen Früchte genossen hatte, bemerkte er ein Kribbeln in seinem Kopf. Er fühlte sich so kräftig, als ob er es mit jedem Elefanten aufnehmen könnte. Er brüllte vergnügt und taumelte auf unsicheren Beinen nach Hause.

Benilo wuchs heran, und die anderen Löwen lachten ihn aus, weil er ziemlich mager war und noch keinen einzigen Kampf gewonnen hatte. Seine Eltern schauten ihn mitleidvoll an, und wenn er Gras fraß, schämten sie sich für ihn vor den anderen Löwen.

Auch die Löwenkinder ließen Benilo nicht in Ruhe. Das ging ihm manchmal auf die Nerven, aber er ertrug es. Nur das Geschrei der gehetzten Tiere konnte er kaum noch aushalten. Am Tag jagten die Löwinnen und in der Nacht die Löwen.

Eines Tages beschloss Benilo schweren Herzens auszuwandern. Es war Mittag. Seine Eltern schliefen wie viele andere Tiere im Schatten der Bäume. Benilo rannte und rannte, als ob ihn jemand verfolge, aber außer seinem Schatten rannte niemand hinter ihm her.

Als er am Nachmittag erschöpft eine Pause unter einem großen Baum machte, sah er eine Gazelle, die einsam durchs hohe Gras ging.

»He, Gazelle. Bist du auch abgehauen?«

»Ja, heute Morgen hatte ich endgültig die Nase voll von meiner Herde. Weißt du, ich wurde verletzt, seitdem kann ich nicht mehr so schnell rennen wie die anderen. Ich laufe mit leerem Bauch hinter ihnen her und finde immer nur abgegraste Erde. Auch spielen will niemand mehr mit mir.«

»Komm, wir spielen zusammen«, sagte Benilo.

Die Gazelle schaute ihn ungläubig an, und als er auf sie zuging, entfernte sie sich.

Benilo blieb stehen. »Du brauchst keine Angst zu haben, ich bin Vegetarier«, beruhigte er die misstrauisch dreinblickende Gazelle.

54

»Löwe und Vegetarier? Überleg dir einen anderen Trick.«

»Nein, das ist kein Trick. Wirklich. Deshalb haben mich die anderen Löwen immer ausgelacht.«

»Ausgelacht oder nicht. Halt dich fern von meiner Haut, sonst erschreckst du mich«, antwortete die Gazelle.

Benilo schaute sie an. Sie gefiel ihm sehr. »Gut, gut, wenn dich das beruhigt. Aber sag mir, wie heißt du?«

»Mahagoni. Und du?«

»Benilo.«

Die Gazelle kicherte. »Benilo, was für ein komischer Name. Benilo, so, so, ein Floh sitzt auf seinem Popo, oho - oho. Ich finde deinen Namen lustig«, rief Mahagoni.

»Ich deinen auch, Mahagoni frisst Makkaroni«, rief Benilo und kugelte sich vor Lachen, bis es Mahagoni zu viel wurde und sie ihn sauer anschaute. Aber Benilo war jetzt in Fahrt. »Und weißt du wie ein Krokodil heißt, das ich kenne . . . Hihihi, das wirst du nicht glauben, hihihi.«

»Sag schon«, meckerte ihn Mahagoni an.

»Klapperklapperreißzahnundgroßerschlundundwerinmeinernähebleibtisteinarmerhund.«

Das fand auch die Gazelle komisch.

Die beiden blieben den ganzen Nachmittag zusammen und unterhielten sich. Sie lachten viel, doch Mahagoni passte immer gut auf, dass Benilo ihr nicht zu nahe kam. Vielleicht übertrieb der junge Löwe deshalb ein bisschen das Grasen: Er wollte Mahagoni zeigen, was er für ein eingefleischter Vegetarier war. Er verschluckte sich dreimal dabei, das machte Mahagoni misstrauisch. »Von wegen Vegetarier«, flüsterte sie und vergrößerte den Abstand lieber noch einmal.

Doch Benilos Geschichten gefielen ihr so gut, dass sie im Laufe des Nachmittags immer näher kam. Benilo merkte es gar nicht, so sehr war er damit beschäftigt, ihr die schönsten Abenteuer zu erzählen; denn er merkte, wie aufmerksam Mahagoni zuhörte, und das tat ihm gut.

Als es aber dunkel wurde, bekam Benilo Angst, denn es war seine erste Nacht weit weg von seinen Eltern.

»Komm doch näher! Lass uns zusammen kuscheln«, sagte er leise.

»Kuscheln? Was ist das denn?«

»Die Löwen kuscheln immer miteinander. Sie liegen so nahe beieinander, dass jeder Löwe das Herz des anderen hört. So kann man am besten einschlafen.«

»Wir leben aber anders. Jede Gazelle steht für sich, und ein paar bleiben immer wach, damit die anderen ruhig schlafen können. Jede Gazelle kommt dabei einmal an die Reihe, einmal schlafen, einmal wachen – wir brauchen dieses komische Knutscheln nicht.«

»Kuscheln«, sagte Benilo. »Es heißt ›kuscheln‹.«

»Egal«, sagte Mahagoni.

Benilo aber konnte so allein nicht einschlafen. Zum ersten Mal in seinem Leben fühlte er sich einsam.

Auch Mahagoni konnte lange nicht einschlafen. Sie versuchte, mit einem Auge Benilo zu bewachen und mit dem anderen zu schlafen, doch es gelang ihr nicht. Erst spät in der Nacht fiel sie doch noch in einen tiefen Schlaf.

Als sie aufwachte, kuschelte Benilo an ihr. In der Nacht war er ganz leise zu ihr geschlichen. Er hatte ihr Herz pochen hören und war sofort eingeschlafen. Mahagoni lächelte. Von nun an hatte sie keine Angst mehr vor ihm.

So zogen sie zusammen umher. Mahagoni hatte in Begleitung eines Löwen keine Angst mehr, ja, eines Tages legte sie übermütig sogar eine Hyäne herein. Als sie sie sah, tat Mahagoni so, als würde sie hinken. Der Hyäne lief schon das Wasser im Maul zusammen, doch als sie hinter Mahagoni herrannte, verschwand die Gazelle blitzschnell hinter einem Gebüsch. Ganz langsam schlich die Hyäne an den Busch heran, da plötzlich sprang ihr ein Löwe entgegen. Die Hyäne rannte davon und jaulte: »Verdammt, ich habe einen Sonnenstich. Ich bilde mir schon ein, Löwen wären hinkende Gazellen.« Mahagoni kugelte sich vor Lachen.

Auch Benilo freute sich über die Freundschaft mit einer Gazelle. Er bekam von ihr Ratschläge, welche Gräser und Kräuter er fressen konnte, ohne sich den Magen zu verderben. Löwen haben nämlich keine Ahnung von Gräsern und Kräutern, von Pilzen und Wurzeln ganz zu schweigen.

Eines Tages kamen sie auch in die Wüste und sahen einen Mann, der alleine unterwegs war. »Na, was meinst du? Ist er Vegetarier, oder hatte er die Nase voll von seiner Herde?«, fragte Mahagoni.

»Das haben wir gleich«, antwortete Benilo und rannte auf den Mann zu.

Der Mann schrie auf und wollte davonrennen, stolperte aber und fiel zu Boden. Er schloss die Augen und wartete zitternd darauf, dass der Löwe ihn nun fressen würde, doch der leckte ihm nur die Fußsohle, als wolle er ihn kitzeln.

»Haben wir dich erschreckt?«, fragte Mahagoni nicht ohne Stolz.

Der Mann lachte. »*Du* hast mich erschreckt. Löwen sind ja bekanntlich harmlos! Darf ich mich vorstellen: Ich heiße Ben Akil, mit Nachname Madschnun, der Verrückte!«

»Und warum hast du dein Rudel verlassen?«, fragte Benilo.

»Er meint: deine Herde«, korrigierte Mahagoni.

»Sie haben mich in die Wüste geschickt, weil ich auf dem Markt-platz gesagt habe: ›Der König ist kein Esel, weil Esel klug sind. Holt den König hierher, und ich zeige euch, wie dumm er ist.‹ Die Leute meinten, nur ein Verrückter könne so etwas sagen, und schmissen mich hinaus – und nun bin ich alleine hier in dieser Wüste«, seufzte der Mann.

»Ach was, nun sind wir zu dritt. Uns kann nichts passieren!«, rief Benilo.

Da gingen die drei zusammen, und am Nachmittag erreichten sie eine kleine Oase. Ihre Überraschung war groß, als sie dort Speisen und Getränke in Hülle und Fülle fanden. Der Mann entdeckte in ei-nem Zelt sogar eine frisch vorbereitete Wasserpfeife.

Mahagoni, Benilo und Ben Akil aßen und tranken vergnügt.

Doch nach einer Weile merkten sie, dass sie beobachtet wurden. Ängstliche Augen von Menschen und Tieren schauten durch die Bü-sche.

»al Salam Aleikum, ihr großzügigen Gastgeber. Ihr sollt keine Angst haben. Mein Freund Benilo ist der einzige Vegetarier unter den Lö-wen. Kommt her und streichelt ihn. Er mag es gerne.«

Als Erste kamen die neugierigen Kinder, dann wagten es die Er-wachsenen, und zuletzt kamen die misstrauischen Kamele aus ihren Verstecken.

Als bald Ben Akil anfing, mit Benilo und Mahagoni zu spielen, stan-den die Leute im Kreis um sie herum und amüsierten sich.

»Ist das nicht toll?«

»So etwas habe ich noch nie gesehen.«

»Unglaublich. Eine Gazelle auf dem Rücken eines Löwen!«

»Was für ein mutiger Kerl! Er hat keine Angst vor einem Löwenkuss!«

So verging eine Stunde. Als die drei schließlich müde vom Toben waren, klatschten die Zuschauer begeistert.

Von nun an wanderten die drei Freunde von Oase zu Oase, erschreckten die Leute zuerst und unterhielten sie anschließend mit ihren Spielen. Einmal sah ihnen auch eine kleine Ziege zu. Die ganze Nacht konnte sie nicht schlafen. Sie dachte an ferne Berge und fremde Freunde.

Der Drache
und der Verrückte

Es war einmal ein Dorf. Das Dorf lag im Süden, wo es selten regnete und die Sonne fast jeden Tag den blauen Himmel schmückte. Gegen Mittag wurde es so heiß, dass nur noch die Hühner und spielende Kinder es auf dem Dorfplatz unter der sengenden Sonne aushielten. Die Erwachsenen flüchteten in den Schatten ihrer Häuser. Alle Erwachsene? Nein, ein einziger erwachsener Mann blieb mit den Kindern und Hühnern auf dem Dorfplatz, das war der Dorftrottel Hilal. Die Sonne schien seinem Schädel nichts auszumachen. Die anderen Erwachsenen lachten und sagten, im Kopf des Verrückten sei sowieso nichts drin, was einen Hitzschlag bekommen konnte. Dasselbe vermuteten sie übrigens auch bei den Kindern, sprachen es aber nicht aus.

Niemand wusste, woher dieser Mann gekommen war. Der Friseur erzählte, Hilal sei plötzlich da gewesen. Als hätte ihn die Nacht geboren, sei er leise aus dem Tal gekommen und geradewegs zu ihm in den Salon am Dorfplatz spaziert, der damals bis spät in der Nacht geöffnet hatte. Viele Männer seien dabei gewesen und hätten gestaunt über den Fremden, der genau zu wissen schien, wo die Wasserkanne des Friseurs versteckt war. Der Fremde schien halb verdurstet und trank die Kanne aus, dann stand er da, stumm wie ein Stein, und als die Männer ihn fragten, woher er gekommen sei, stotterte er ängstlich, doch niemand konnte ihn verstehen.

Bald wussten alle im Dorf, dass er ein harmloser Verrückter war.

Mit der Zeit konnte er auch ein paar Worte sprechen, aber es dauerte ewig, bis er den ersten Satz herausbekam. Doch statt dass die Erwachsenen ihn nun besser verstanden, waren sie nur noch verwirrter als vorher.

Eines Tages spielten die Kinder mit dem Verrückten auf dem Dorfplatz, da eilte er zum Friseur, um seinen Durst zu löschen und das kühle Wasser zu genießen. Der Bürgermeister, der oft beim Friseur saß, fragte ihn: »Woher bist du gekommen, verrückter Kerl, sagst du's uns?« Doch er stellte die Frage nur, um die anderen Männer im Salon zu erheitern.

Der Verrückte kratzte sich am Kopf, und man merkte die Mühe, die es ihm machte, die widerspenstigen Worte zu zügeln und heil aus dem Mund zu bringen: »Aus«, rief er erregt, »aus, aus, aus einem fernen Stern!« Er rannte hinaus, und die Männer lachten, doch in Wahrheit waren sie verwirrt.

Hilal lief immer barfuß. Seinen verhornten Fersen konnten weder spitze Steine noch Glassplitter etwas anhaben. Unrasiert und mit zerfetzten Kleidern sah er furchterregend aus. Hilal erschreckte jedoch nur Fremde. Und in der Nacht hatten die Männer manchmal Angst vor ihm. Man erzählte, seine Augen glühten in der Dunkelheit wie die der Katzen und er treibe sich auf dem Friedhof herum und heule dabei wie ein Schakal. Ismail, der Metzger, wollte sogar wissen, dass Hilal in der Nacht mit seinen Angehörigen auf dem Stern spreche, und nur weil sie seine Rufe nicht hörten, heule er so sonderbar.

Die Kinder im Dorf hatten keine Angst vor Hilal. Im Gegenteil, er hatte Angst vor ihnen wegen seiner Luftballons.

Hilal liebte nämlich Ballons über alles, und wenn er ein paar Piaster erbetteln konnte, kaufte er sofort einen. Er lief immer mit einem Luftballon herum, streichelte ihn, sprach mit ihm, und wenn er schlief, so band er ihn an seinen Finger. Er konnte tagelang damit spielen. Da es im Dorf jedoch zu viele Kinder gab, die auch alle Luftballons liebten, sich aber keine kaufen konnten, konnte Hilal sich nicht vor ihnen retten. Sie schlugen gnadenlos auf seinen Ballon ein und jauchzten, je höher sie ihn in den Himmel treiben konnten. Hilal rannte dann hilflos hin und her, Speichel tropfte ihm aus dem Mund, und er flehte die Kinder an, seinen Ballon nicht zu quälen. Bei jedem Schlag zuckte Hilal zusammen, als hätte er eine Ohrfeige bekommen. Und irgendwann platzte jeder Ballon. Hilal suchte dann die Fetzen zusammen. Er hauchte sie liebevoll an, in der Hoffnung, sie wieder zum Leben zu erwecken, und heulte zum Steinerweichen über sein totes Spielzeug. Die Kinder standen beschämt herum oder verdrückten sich schnell nach Hause, denn nichts auf der Welt fiel ihnen schwerer, als Hilal weinen zu sehen.

»Ballon ist tot«, rief er jedem Passanten weinend zu, bis irgendeiner Mitleid mit ihm bekam und ihm einen Piaster gab. Dann rannte Hilal fröhlich in den nächsten Laden und kaufte sich wieder einen herrlichen bunten Luftballon, und sobald die Kinder ihn damit erblickten, vergaßen sie ihre Gewissensbisse und kamen gerannt. Und er vergaß ihre Missetat und spielte mit ihnen.

An einem sonnigen Nachmittag war das Dorf besonders still, denn in der Hitze verloren sogar die Hunde die Lust zu bellen. Plötzlich schrie eine Frau gellend: »Schaut euch dieses Flugzeug an!«

Viele drehten sich schnell um, denn ein Flugzeug war selten in dieser Gegend zu sehen, und ein Junge ließ vor Schreck seine Murmeln fallen und rief: »Mama . . . ein Drache . . . Mama!«

Der Drache kreiste über dem Dorfplatz. Er spie riesige Flammen aus seinem Maul, und die Leute konnten das laute Zischen hören.

Langsam füllte sich der Dorfplatz mit aufgeregten Menschen. Sie kamen aus ihren Häusern gerannt und schauten gebannt in den Himmel. Pfarrer Markus eilte mit fliegenden Rockschößen herbei und bekreuzigte sich unablässig. Der Gemüsehändler Tanius trat, nur mit der Unterhose bekleidet, auf seinen Balkon, und die bis dahin trägen Hunde heulten fürchterlich und sprangen in die Luft, als wollten sie dem Drachen ein Bein abbeißen. Der schien jedoch weder von den Menschen noch von den Hunden beeindruckt zu sein; er zog ruhig seine Schleifen über dem Dorf. Doch plötzlich schlug er kräftig mit den Flügeln und wirbelte dabei den Staub auf dem Dorfplatz auf. Schnell gewann er an Höhe und glitt über die Straße, die aus dem Dorf hinausführte. Die Dorfbewohner atmeten erleichtert auf, aber die Freude währte nur kurz; denn der Drache kreiste über den Terrassenfeldern, stürzte sich hinab und verschwand hinter den Wipfeln der Bäume. Die Erde bebte, als er landete, und die Versammelten fingen an zu streiten, ob der Drache nun bei Elias oder Mustafa gelandet wäre. Keiner konnte es sehen, aber jeder wollte es genau wissen.

Nur einen kümmerte der Drache nicht: den Dorftrottel Hilal. Er saß im Schatten der Kirche und streichelte seinen roten Ballon.

Kurz darauf trafen sich die wichtigsten Männer des Dorfes beim Friseur. Der Bürgermeister, der reiche Schäfer Falih, Pfarrer Markus, Scheich Aref und der Chef der Gendarmerie Said. Im Dorf gab es damals kein Postamt. Das einzige Telefon im Dorf stand beim Friseur.

Der Bürgermeister rief in der Hauptstadt an, um Hilfe und Rat zu holen. Der hohe Beamte fragte: »Hilfe wofür?«

Und der Bürgermeister stotterte: »Ja, wie soll ich es nennen? Ich meine das Ding, das geflogen kam. Es fliegt und ist kein Flugzeug und speit Feuer und ist kein Ofen. Was ist das? Ein Drache, ja, die meisten sagen, ein Drache.« Der Bürgermeister war ein bisschen verlegen. »Die meisten« – das waren die Kinder auf dem Dorfplatz.

»Drachen gibt es nicht, Sie besoffener Idiot!«, sagte der Beamte in der Hauptstadt und legte auf.

»Was hat er gesagt?«, fragte der Friseur, der die Antwort des Beamten nicht hören konnte.

»Nun ja«, log der Bürgermeister, »er sagte, er muss sich erst überlegen, was er gegen das Ding tun kann.«

Und von nun an sprachen alle Männer nicht mehr vom Drachen, sondern von dem Ding.

Hilal ließ seinen Ballon los und ging ruhig in sich versunken im Kreis. Der Ballon wurde von niemandem beachtet und zog vom Wind getrieben die Wände entlang.

Bis spät in die Nacht stritten die Erwachsenen auf dem Dorfplatz. Nur Hilal, der sonst immer die Nähe der Menschen suchte, war in der Dunkelheit verschwunden.

Manche hofften, das Ding würde in der Nacht wieder verschwinden. Gleich am nächsten Morgen wagten sich zwei mutige Männer auf die Felder. Als sie zurückkehrten, erzählten sie, das Ding habe seine Flügel verloren und bereits ein Maisfeld kahl gefressen. Grauer Speichel fließe ihm dabei aus dem Maul und bedecke das kahl gefressene Feld. Die älteste Eiche des Dorfes, die auf dem Feld stand, habe das Ding mit einem Biss verschlungen, als wäre sie ein Grashalm.

Der Besitzer des Maisfeldes, ein armer alter Bauer, brach in Tränen aus. Er hatte gehofft, dass er mit einer guten Ernte seine Schulden vom vergangenen Jahr bezahlen könnte. Und nun sollte das Ding ausgerechnet sein Feld als Erstes kahl gefressen haben.

Viele Männer und Frauen sprachen tröstend auf den Mann ein.

Der Tag verging und die Nacht, und die Leute wussten nicht, was sie tun sollten.

Am nächsten Morgen hörten die Leute auf dem Dorfplatz wie gelähmt den Bericht eines Mannes, der sich nahe an den Drachen herangewagt hatte: Der Drache fraß schon das dritte Feld kahl.

Mit drei anderen Männern ging der Bote wieder zu den Terrassenfeldern, und als sie zurückkamen, schleppten sie einen Drachenflügel mit sich. Als sie ihn ausbreiteten, bedeckte er fast den ganzen Dorfplatz. Der lederne Flügel sah aus wie der einer Fledermaus, doch er zerfiel und riss an allen Ecken auseinander und stank dabei so fürchterlich, dass die Männer ihn wieder zusammenklappten und wegschafften.

Als der Dorflehrer seine Idee von einem gewaltigen Katapult erklärte, versammelten sich immer mehr Menschen um ihn. »Mit einem großen Stein, so groß wie der Friseurladen, können wir das Ding erschlagen«, wiederholte er den Versammelten laut seinen Plan. Einige nickten zustimmend. Doch plötzlich unterbrach Hilal mit seinem schallenden Gelächter den Redefluss des Lehrers. Sein lautes Lachen steckte die anderen an.

»Das Ding«, rief er immer wieder und lachte, »das Ding! Nix Ding, nix Ping. Das ist ein Drache.« Und als wäre das ein guter Witz, lachte er und wälzte sich auf dem Boden.

Falih, der reiche Schäfer, der den Lehrer nicht ausstehen konnte, näherte sich ihm, als wolle er ihm unter vier Augen ein Geheimnis verraten.

»Diese Steinwurfmaschine muss aber so groß sein, dass sie bis in die Hauptstadt schießt«, brüllte der zahnlose Schäfer den verdutzten Lehrer an. Angewidert von der Spucke, die Falih, wenn er sprach, großzügig verteilte, trat der Lehrer einen Schritt zurück und wischte sein benetztes Gesicht mit einem Taschentuch ab.

Ein Bauer fragte etwas verwirrt: »In die Hauptstadt? Wieso bis in die Hauptstadt?«

»Bis wir die Maschine gebaut haben, hat sich der Drache bestimmt bis zur Hauptstadt durchgefressen«, rief Falih, und die Bauern lachten erneut. Angeekelt schaute der Lehrer sie an, als wäre jeder von ihnen ein Hilal.

Am nächsten Morgen ereiferten sich die Bauern noch heftiger über den Drachen: Einer wollte ihn vergiften, ein anderer wünschte dem Drachen die Pest, wieder ein anderer schlug vor, dem Drachen einen großen Spiegel vor die Nase zu halten, damit er sich sehen und zu Tode erschrecken sollte.

Plötzlich hörten die Leute Schreie vom nördlichen Ende des Dorfplatzes.

Einige Männer versuchten verzweifelt, einen wie tollwütig um sich schlagenden Bauern zu beruhigen. »Lasst mich los!«, brüllte er und befreite sich aus dem Griff der Männer. »Ich werde ihn umbringen!« Schreiend eilte der kräftige Mann den steilen Weg hinauf, der zu seinem Haus führte. Er wohnte nicht weit vom Dorfplatz.

Die Bauern verstanden nicht, wie er sich das vorstellte, den Drachen umzubringen. Doch bald ritt der Bauer auf seinem Schimmel furchterregend durch das Dorf. Mit seiner Lanze in der Hand glich er dem heiligen Georg, der einst auch einen Drachen getötet hatte und im Dorf große Verehrung genoss.

Die Bauern begleiteten den Ritter mit Flüstern, einige alte Witwen standen stumm in Schwarz und bekreuzigten sich. Andere riefen ihm ermutigende Worte zu, doch der Mann ritt an ihnen vorbei, als höre und sehe er sie nicht. Er blickte versteinert in die Ferne. Er gab seinem Pferd die Sporen und preschte hinaus auf die Felder.

Nur Hilal saß am Bach, als hätte das Treiben auf dem Dorfplatz keinen Eindruck auf ihn gemacht. Er war damit beschäftigt, eine große Papiertüte zum Fliegen zu bringen. Sie fiel immer wieder kraftlos zu Boden und Hilal blies sie geduldig wieder auf.

Am späten Nachmittag kam das Pferd verschreckt ins Dorf galoppiert. Die Frauen schlugen schreiend die Hände vors Gesicht. Ein Gendarm zügelte das durchgegangene Pferd, und nach einer Weile kam der Bauer ins Dorf gehinkt. Seine Kleider waren zerrissen, seine Hände und sein Gesicht mit Schürfwunden übersät. Er erzählte von seinem wilden Kampf mit dem Drachen und wäre wohl in die Geschichte des Dorfes als der mutigste Held aller Zeiten eingegangen, wenn ihm nicht zwei Männer gefolgt wären.

Sie erzählten, dass der Ritter zwar sehr mutig war, aber sein Pferd umso ängstlicher wurde, je näher es dem Drachen kam. Es roch wahrscheinlich seinen Gestank und die Gefahr, und als es den Drachen erblickte, wurde es störrisch wie ein Maulesel. Der Ritter schrie und trieb sein Pferd an, doch es blieb starr wie eine Gipsfigur stehen. Der Drache schaute gelangweilt auf die beiden Störenfriede, furzte kurz und schleuderte den stolzen Ritter von seinem furchtsamen Ross. Der Bauer war wie ein Stein über den Boden gerollt, der Schimmel hatte eilig das Weite gesucht, und der Bauer hatte sich aufgerappelt und war ins Dorf gehumpelt. Der Drache hatte sich nicht einmal nach ihm umgedreht.

Am nächsten Morgen lastete eine ungewöhnliche Stille über den Dächern und Straßen des Dorfes. Die Pappeln am Bach schienen verzweifelt ihre Arme nach den Spatzen zu recken, die sonst in dieser frühen Stunde der Dämmerung einen höllischen Lärm veranstalteten und sich munter im klaren Wasser tummelten. Weit und breit sah man keinen einzigen Bauern, der auf dem Weg zu seinem Feld war. Auch kein Hahn krähte an jenem Morgen.

Schweigsam hockten einige Bauern neben dem Gemüseladen und tranken ihren Pfefferminztee.

Nur Hilal schien an diesem frühen Morgen von Unruhe gepackt zu sein. Er ging mit eiligen Schritten über den Dorfplatz, blieb für eine Weile stehen, kratzte sich am Kopf und trottete nachdenklich auf die Terrassenfelder zu, bis er den alten Walnussbaum am Ende des Dorfplatzes erreichte. Dort nahm er einen kleinen Kieselstein und warf ihn in das grüne Tal, dann raste er auf den Dorfplatz zurück, wo er sich schwer atmend hinter der Trauerweide am Bach versteckte, als fürchte er, dass sein Stein den Drachen auf ihn hetzen würde.

Tanius der Gemüsehändler brachte Tee für die Bauern, die vor seinem Laden hockten. Hilal kam aus seinem Versteck heraus und wühlte in einem Müllhaufen. Mit langsamen Schritten kam er auf die Männerrunde zu.

»Na, Hilal, willst du auch einen Tee?«, fragte Tanius den Dorftrottel, der eine Papiertüte aus dem Müll gelesen hatte. Er blies die Tüte zu einem Ballon auf und starrte lange einen der Bauern an, der gerade seine Zigarette anzündete.

»Feuer!« Hilal streckte dem Bauern plötzlich seine verschmutzte Hand entgegen. Der zögerte einen Augenblick und warf ihm dann seine Streichholzschachtel hin. Hilal kniete nieder, zündete die Papiertüte an und warf sie in die Luft. Die brennende Tüte segelte zu Boden.

»Der Ballon fliegt«, flüsterte Hilal entzückt. Seine Augen glänzten in seinem lächelnden Gesicht. Ein Bauer zertrat das brennende Papier.

Gegen zehn Uhr tauchte der Bürgermeister auf. Flankiert vom Scheich, dem Pfarrer und dem Chef der Gendarmerie ging er über den belebten Dorfplatz zum Friseur. Wie eine Bienentraube klebten die Erwachsenen an der Tür des Friseurladens.

»Wir haben uns beraten: Der Drache soll hier bleiben. Ein großes Gitter sperrt das Tal ab. Das Dorf hat seine Sensation. Wo gibt es sonst auf der Welt einen Drachen zu sehen? Die Touristen werden in Scharen kommen, und mit ihnen das große Geld. Sie werden Eintritt bezahlen und wir brauchen bloß dazusitzen und zu kassieren. Dem Vieh werden wir mit einem Bruchteil des Geldes genug Futter zum Fressen kaufen können«, erklärte der Bürgermeister, und viele Männer nickten zustimmend.

Sogar der Gemüsehändler Tanius, der den Bürgermeister nicht ausstehen konnte, war begeistert. Er sagte, er werde dann kein Gemüse mehr verkaufen, sondern nur noch Tierfutter, denn damit könne er endlich Geld verdienen.

Nur einige Bauern waren misstrauisch, weil sie von ihren Feldern lebten, die dem Drachen geopfert werden sollten. »Was sollen wir dann tun?«, fragte einer von ihnen erregt. »Vielleicht den Touristen die Schuhe putzen?«

Der Bürgermeister beruhigte ihn, die Touristen bräuchten Bars, Cafés, Hotels und vor allem Eisverkäufer, aber der Bauer schüttelte den Kopf. Der Bürgermeister hatte seine liebe Mühe, doch von Stunde zu Stunde konnte er mehr Bauern von dem Plan überzeugen.

»Warum nicht?«, hörte man da Hilal plötzlich rufen. Er stand in der Nähe des Bürgermeisters. »Und du machst für die Touristen Bauchtanz«, rief er und lachte laut. Er klatschte in die Hände und fing an zu tanzen, sprang in die Mitte des Kreises der Versammelten, wackelte lachend mit dem Hintern und drehte sich im Kreis. Ein alter Bauer hob seinen Stock und folgte Hilal auf Schritt und Tritt. Die Leute lachten Tränen, und nur der Bürgermeister schäumte. Er sah die Wirkung seiner Worte durch diesen Verrückten vernichtet, denn immer mehr Männer und Frauen gesellten sich zu den Tanzenden und wackelten vor dem Bürgermeister mit Bauch und Hintern. Der kochte vor Wut und wartete, bis Hilal in seine Nähe kam, dann holte er aus und wollte Hilal treten, doch der wich so geschickt aus, dass der Bürgermeister ungewollt, aber wuchtig den hinter Hilal stehenden Pfarrer Markus in den Bauch traf. Das dumme Gesicht des Gemeindevorstehers und das Jaulen des Pfarrers ließen die Bauern für einen kurzen Augenblick ihren Kummer vergessen.

Am nächsten Tag sah man Hilal unten am Bach sitzen. Mit dünnen Drähten befestigte er eine kleine Büchse an einer Papiertüte.

»Habt ihr Feuer?«, rief er Aische, der Dorfschneiderin, zu, die auf der Terrasse ihres Hauses am Dorfplatz mit einer Nachbarin Kaffee trank und rauchte. Aische warf ihm eine Streichholzschachtel zu,

71

und er zündete den Inhalt der Büchse an. Starker, rußiger Rauch stieg in die Tüte. Es roch widerlich, aber plötzlich fing das Gebilde an, sachte über dem Boden zu schweben.

Hilal starrte sein Werk an. »Der Drache muss nach Hause fliegen«, rief er.

»Lieber Gott, schau dir das an, er fliegt!«, rief Aische und kniff für einen Moment ungläubig die Augen zu. Der kleine Heißluftballon schwebte lautlos an ihrer Terrasse vorbei und bekam leichten Auftrieb, bald flog er weit über dem Kirchturm und dem Minarett, und erst ganz oben am Himmel fing er Feuer und stürzte zu Boden.

»Genau das wird den Drachen forttragen«, rief Aische, die Dorfschneiderin, und die beiden Frauen eilten zum Friseur, wo die Männer immer noch stritten.

»Der Drache muss fliegen«, rief die alte Aische laut.

»Wie soll er fliegen, er hat doch keine Flügel mehr«, widersprach der Pfarrer höflich, aber fast verzweifelt.

»Mit einem Heißluftballon. Der Drache spuckt doch Feuer, und wenn wir einen Ballon aus Stoff nähen, dann wird er fliegen.«

»Aber woher sollen wir in unserem ärmlichen Dorf so viel Stoff bekommen«, meldete sich der Schäfer mit krächzender Stimme.

»Jeder hat doch eine Hose, ein Hemd oder einen Vorhang, den er entbehren kann!«, antwortete Aische.

»Also, liebe Frau, meine Hose will ich nicht ausziehen!«, witzelte der Friseur, und einige Männer lachten. Aische blickte den Friseur zornig an. Ihre Blicke wirkten wie brennende Peitschenhiebe. Sein Lächeln erstarb. Aische war sehr angesehen im Dorf.

Am Nachmittag eilten viele der Bauern mit Bündeln ihrer gesammelten Kleider, Bettlaken und Vorhänge herbei, und am späten Abend lag ein beachtlicher bunter Hügel in der Mitte des Dorfplatzes. Aische gab immer wieder Anweisungen, und die Frauen nähten Hosen an Hemden und diese an Bettlaken und Vorhänge. Immer mehr Bauern brachten ihre Kleider zum Dorfplatz.

Eine alte Frau, deren steife Finger keine Schere und keine Nadel mehr halten konnten, erzählte die ganze Nacht spannende Geschichten, damit die Frauen nicht müde wurden.

Das ganze Dorf schien Kopf zu stehen. Drei Tage und drei Nächte werkelten die Frauen einträchtig. Und da die meisten Männer nicht mit der Nadel umgehen konnten, mussten sie kochen und die kleinen Kinder versorgen. Zum ersten Mal sah manches Kind seinen Vater am Herd stehen.

Die Nacht war mild, und wer müde wurde, schlief auf seinem Platz ein. Das ganze Dorf lebte nur noch auf dem Dorfplatz.

Hilal wurde von allen verwöhnt. Er bekam sämtliche Ballons, die im Dorf aufzutreiben waren, aber sie schienen ihn mit all ihren prächtigen Farben nicht mehr zu interessieren. Er warf sie lächelnd den Kindern zu, und mit den Augen hielt er nur den einen fest, seinen großen Ballon, der den Drachen wegtragen sollte und der von Stunde zu Stunde wie ein Flickenteppich größer wurde.

Als der Ballon fertig war, wurde ein großer Ring aus Ästen und Zweigen geflochten und an seiner Öffnung befestigt. Eine große Schlinge hing fest an vier starken Seilen.

Im Morgengrauen des nächsten Tages zogen die Menschen zum Dorf hinaus. Sie trugen den zusammengerollten Ballon auf ihren Schultern und gingen auf dem schmalen Pfad durch die Terrassenfelder. Auch die Kinder durften ihnen folgen.

Heißer Dampf strömte aus den Nüstern des Drachen. Flammen züngelten aus dem leicht geöffneten Maul. Die Männer entrollten leise den Ballon, zwei Frauen hielten vorsichtig die Ringöffnung über den Kopf des Drachen. Langsam blähte sich der Ballon auf.

Zwei mutige Männer schlichen zum Drachen, um die Schlinge am Hals des Ungeheuers zu befestigen. Es schlief aber fest, und die Männer konnten unbehelligt die Seile verknoten. Der Ballon wurde durch die heiße Luft immer dicker, und bald hob sich sein Ende langsam vom Boden ab. Als die ersten Sonnenstrahlen vom hohen Berg in das Tal fielen, wachte der Drache auf. Die Leute um ihn herum sprangen zurück, doch der Drache hatte nur Augen für das riesige Ding vor seiner Nase. Wütend spie er Feuer direkt in das Balloninnere. Das verstärkte den Auftrieb, und der Ballon stand bald senkrecht über dem Kopf des Ungeheuers. Wütend versuchte der Drache, sich am Boden festzukrallen, und spie unentwegt riesige Flammen in den Ballon.

Plötzlich rannte Hilal von seinem Platz nach vorn und setzte sich mit einem Sprung zwischen zwei Zacken am Ende des Drachenschwanzes. Die Leute schrien, doch Hilal schien das schon nicht mehr zu hören.

Mit einem kräftigen Schub hob der Ballon den Drachen in die Lüfte und stieg hoch hinauf, und Hilal schien den Flug des Drachen zu steuern. Der Drache stieg höher und immer höher, bis er sich als kleiner bunter Punkt im Blau des Himmels verlor.

Welche Erleichterung! Die Leute fielen einander um den Hals und weinten vor Freude. Doch bald waren sie auch traurig, weil Hilal sie verlassen hatte.

Seit diesem Tag nehmen die Leute im Dorf jeden Fremden auf,

auch wenn er kein Wort sprechen kann oder wie ein Verrückter aussieht. Sie verwöhnen ihn in Erinnerung an Hilal und auch ein bisschen in der Hoffnung, dass der Fremde bleibt und sie eines Tages vor einem Drachen rettet.

Bobo und Susu

In Afrika lebte einst ein Elefant, der hieß Bobo. Er lebte mit elf anderen Elefanten in einer kleinen Herde und war friedlich. Die Elefanten kämpften jeden Monat miteinander, um herauszufinden, wer der Stärkste ist. Der stärkste Elefant wurde Erster, der zweitstärkste Zweiter und so weiter. Nur Bobo machte nicht mit. Während die anderen kämpften, ging er herum, schnüffelte an Blumen und probierte neue Kräuter. Bei der Siegerehrung bekam Bobo immer als letzter Elefant der Herde die Nummer 12. Manchmal hatten die anderen Mitleid mit ihm und sagten: »Kämpf doch mal mit, vielleicht wirst du Erster oder Zweiter.«

»Nein, die 12 gefällt mir. Sie ist die schönste Zahl der Welt. Ich bin Erster und Zweiter zugleich. Und das ohne Kampf!« Die anderen Elefanten schüttelten nur die Köpfe. »Der Arme. Er hat ja keine Ahnung.« Aber Bobo lebte zufrieden.

Eines Nachts, es war Vollmond, und der Vollmond ist am schönsten in Afrika, schlief Bobo tief und fest und träumte von einer Welt voller Elefanten, die alle mit der Nummer 12 auf dem Rücken herumrannten. Da spürte er plötzlich ein Kitzeln an seinem Rüssel. Er machte die Augen langsam auf und sah im Mondlicht, wie eine kleine Maus immer wieder Anlauf nahm und gegen seinen Rüssel rannte. »Mach doch dieses dicke Ding da weg! Müsst ihr euren Schlauch überall hinlegen? Mach doch dieses dicke Ding da weg! Ich muss nach Hause!«

Bobo rollte den Rüssel ein und entdeckte erst jetzt, dass sein Rüssel auf einem Mauseloch lag.

»Entschuldigung«, sagte er, »das habe ich nicht mit Absicht gemacht.«

»Ja, ja«, brummte die Maus. »Kannst du nicht mit eingerolltem Schlauch schlafen?«

»Nein, der rollt sich von allein wieder aus, wenn ich einschlafe.«

»Dann mach eben vor dem Einschlafen die Augen auf. Wir müssen in der Nacht arbeiten. Am Anfang habe ich einen Riesenschreck bekommen, ich dachte, eine dicke Schlange liegt hier herum.«

»Entschuldigung«, sagte Bobo noch einmal und sah, wie die Maus eine Nuss nach Hause schleppte. Sie stolperte immer wieder, weil die Nuss zu groß war. Und kurz bevor die Maus im Loch verschwand, drehte sie sich zum Elefanten um und sagte: »Das machst du nicht noch mal, sonst kriegst du ein paar hinter die Löffel von mir.«

»Nein, nein«, sagte er, »ich mache das nicht noch mal, wirklich nicht.«

Bobo wollte sich schnell mit der Maus versöhnen, darum suchte er in der Gegend nach einer zweiten Nuss, schnappte sie mit dem Rüssel und legte sie ganz leise vor das Mauseloch. Die Maus kam herausgeschossen, sah die Nuss und rief: »Oh, was für ein Glück habe ich! Die Nüsse rollen von allein zu mir.«

Bobo lächelte zufrieden, und die Maus schaffte die Nuss nach Hause. Bobo aber suchte schnell noch eine Nuss, schnappte sie und legte sie wieder vor das Loch. Die Maus kam heraus, und nun erkannte sie, dass Bobo ihr geholfen hatte. Sie schaute ihn an. »Du bist aber lieb.

Beinahe hätte ich dich geohrfeigt, und jetzt sammelst du Nüsse für mich.«

»Ich mag eben keinen Streit.«

»Du auch nicht?«, sagte die Maus. »Ich bin Nummer 300, die Letzte im Mauseloch.«

Bobo gefiel die Maus. Sie war so klein und zierlich. Und nun wusste er, dass es auch andere gab, die keinen Streit mochten. Er sammelte an diesem Abend noch sechs, sieben Nüsse für die Maus, bis sie herauskam und meinte, dass es genug sei. Sie setzte sich zum Elefanten, und sie saßen nebeneinander und schauten den Mond an.

»Wie heißt du, Elefant?«, fragte die Maus.

»Wie soll ich heißen? Wie jeder zweite Elefant: Bobo. Und du? Wie heißt du, kleine Maus?«

»Wie soll ich schon heißen? Wie jede zweite Maus: Susu«, antwortete die Maus.

»Susu? So ein wunderschöner Name, das ist ja wie Musik«, sagte der Elefant. »SUSU, SUSU!«, trompetete er vor Begeisterung, dass viele Tiere erschrocken aufwachten.

»Hilfe, Hilfe! Was ist denn das?«, fragte ein verschlafenes Nashorn im hohen Gras.

»Es hört sich an wie Elefantengebrüll, irgendein verrückter Dickhäuter schreit ›Susu‹. Schlaf jetzt«, antwortete seine Frau.

Susu fühlte sich so wohl. Zum ersten Mal hatte ihr Name ein Nashorn erschreckt. Sie war so stolz, dass sie beinahe platzte.

»Du hast mir so viele Geschenke gemacht«, sagte Susu, »Nüsse hast du mir gegeben, meinen Namen hast du gesungen. Was soll ich dir schenken? Am besten schenke ich dir eine Geschichte.«

»Ich soll eine Geschichte als Geschenk haben?« Bobo hörte zum ersten Mal in seinem Leben, dass man Geschichten verschenken kann. Elefanten erzählen nämlich überhaupt nichts, sie sind sehr schweigsam. Sie mampfen den ganzen Tag, mampfen und schweigen. Manchmal sagt ein Elefant einmal am Tag: »Das Gras schmeckt heute gut, nicht?« Und wenn ein Elefant in seiner Nähe gut gelaunt ist, antwortet er unter Umständen: »Tja, das wollte ich auch gerade sagen.« Dann schweigen sie weiter. Und deshalb wunderte sich der Elefant, dass die Maus eine Geschichte verschenken wollte. Mäuse erzählen ja viel, sie piepsen den ganzen Tag. Sie erzählen, damit die Winternächte nicht langweilig werden.

»Geschichten verschenken?«, wunderte sich Bobo. »Kann man das?«

»Ja, und wie! Das Tolle daran ist«, sagte die Maus, »wenn du eine Geschichte bekommst und etwas daran knabberst und sie dann weiterschenkst, dann merkt der andere nicht mal, dass die Geschichte schon angeknabbert ist.«

»Angeknabbert . . .?«, fragte Bobo.

»Ja, das ist der Unterschied zwischen einer Nuss und einer Geschichte. Wenn du an einer Nuss knabberst, merkt das jeder. Aber meine Geschichte kannst du hören und beknabbern, solange du willst – wenn du sie einem anderen weitererzählst, ist sie wie neu.«

Und nun erzählte die Maus erst von einer Hexe, mit der sie angeblich lange befreundet war, dann erzählte sie von einem Piraten, mit dem sie gekämpft hatte, als sie sich um die Beute stritten, und schließlich erzählte sie von einem Drachen.

Bobo bekam immer größere Augen. »Woher hast du diese Geschichten nur alle, die Drachengeschichte zum Beispiel?«, fragte er.

»Tja, ich sammle Nüsse und Geschichten. Und wenn sie in Afrika

zu Ende sind, gehe ich zum Flughafen im Dschungel. Dort steige ich in ein Flugzeug, fliege um die Erde, bis es mir irgendwo gefällt. Dort lande ich, steige aus und sammle Geschichten. Aber immer wieder kehre ich nach Afrika zurück, weil der Mond am schönsten in Afrika ist. Aber ich habe Länder gesehen! Da war es so kalt, du glaubst es nicht. Da war es so kalt, dass sich sogar das Wasser erkältet hat.«

»Das Wasser hat sich erkältet?«

»Ja, ja, es war ganz blass und konnte nicht mehr laufen, es war ganz steif.«

Da wurde Bobo misstrauisch: »Also hör mal, das mit der Hexe glaube ich. Aber dass das Wasser sich erkältet, das glaube ich nicht.«

Und die Maus erzählte weiter und weiter, bis sie müde wurde. Dann sagte sie: »Hör zu, ich erzähle jetzt schon seit Stunden, erzähl du doch auch mal eine Geschichte.«

»Eine Geschichte erzählen?«, sagte Bobo. »Ich kann doch keine Geschichte erzählen. Was soll ich überhaupt erzählen?«

Da stellte sich die Maus auf einen Stein und sagte: »Erzähl mir das allerschönste Abenteuer, das du nach dem Frühstück erlebst.«

»Nach dem Frühstück?«, wiederholte Bobo.

»Ja, nach dem Frühstück. Was für ein tolles Abenteuer erlebst du da?«

»Ich stehe herum bis zum Mittagessen.«

»Nein, nein! Ich habe dich vielleicht falsch gefragt. Vielleicht erleben Elefanten ihre Abenteuer erst nach dem Mittagessen. Was für ein tolles Abenteuer erlebst du nach dem Mittagessen?«

»Herumstehen bis zum Abendessen«, antwortete Bobo verlegen.

»Das soll eine Geschichte sein? Ein Wort – herumstehen? Das ist mir vielleicht eine langweilige Geschichte mit nur einem Wort!«

Bobo war so verschämt, dass er beinahe stotterte: »Ja, äh, und was erlebst du für Abenteuer nach dem Frühstück?«

»Tja, das kommt natürlich darauf an«, antwortete die Maus. »Am liebsten suche ich mir den dicksten Löwen im Wald, verstecke mich hinter einem Baum, und wenn er vorbeigeht, brülle ich ihn an. Dann kriegt er so einen Schreck, dass er Gänsehaut bekommt.«

»Du brüllst einen Löwen an?«

»Ja, und wie! Und wenn ich ihn ordentlich eingeschüchtert habe, klettere ich auf den Baum und trete ihn in den Hintern. Dann dreht er durch, weil er mich nämlich nicht findet.«

»Einen Löwen?«, fragte Bobo. »Bist du sicher, dass du keinen Käfer meinst?«

»Nein, nein, einen Löwen. Je größer, desto besser. Denn je größer der Löwe ist, desto kleiner ist das Loch, in dem ich mich verstecke. Darum findet er mich ja nicht. Bloß vor Katzen habe ich Angst, diese gefährlichen Wildkatzen, die wollen uns immer fressen.«

»Diese kleinen kuscheligen Tiere?«, fragte Bobo, und Susu nickte.

»Die sind so niedlich, die haben mich noch nie gebissen«, fuhr Bobo fort.

»Dich natürlich nicht. Da würden sie sich ja die Zähne brechen, so dicke Beine, wie du hast.«

»Nein, nein, das hat mit meinen Beinen nichts zu tun«, erwiderte Bobo. »Das kommt nur daher, dass die Katzen es mögen, wenn man höflich zu ihnen ist. Ich begrüße die Katzen immer so: ›Guten Tag, Frau Katze, brauchen Sie Hilfe?‹ Und sie antworten: ›Nein, nein, guter Elefant, geh nur vorbei.‹ – Wenn du morgen eine Katze siehst, begrüße sie höflich, und du wirst hören, was sie sagt.«

»Gar nichts werde ich hören«, antwortete Susu. »Da wäre ich nämlich längst in ihrem Magen. Nein, lieber verlasse ich mich auf meine Beine.«

So unterhielten sich die beiden gegenseitig bis spät in die Nacht, dann gingen sie schlafen.

Am nächsten Morgen schlief Bobo sehr lange. Die anderen Elefanten wunderten sich. Sie schüttelten ihn und riefen: »Wach auf, du Schlafrüssel! Was hast du die ganze Nacht gemacht?«

»Lauter tolle Geschichten gehört«, antwortete Bobo und gähnte herzhaft. »Soll ich euch die von der Hexe erzählen? Nein, ich fange mit dem Drachen an. Oder noch besser: Ich erzähle euch, was die Maus nach dem Frühstück macht. Das ist ein Abenteuer! Sie tritt nämlich einem Löwen in den Hintern und der dreht durch.«

»Der arme Kerl!«, riefen die Elefanten voller Sorge.

»Hat er vielleicht Fieber?«, fragte der älteste Elefant, und ohne eine Antwort abzuwarten, fuhr er fort: »Er quasselt wirr und sieht schon Mäuse, die Löwen in den Hintern treten.«

»Ich bin nicht krank«, sagte Bobo. »Aber habt ihr euch schon mal überlegt, wie wir leben? Wir mampfen, mampfen und schweigen. Und wenn uns jemand bittet, eine Geschichte zu erzählen, sagen wir: ›Rumstehen.‹ Das ist doch langweilig. Warum haben wir denn so große Ohren?«

»Um uns Luft zuzufächeln,« antwortete die Nummer 1 der Herde. Er war seit drei Monaten unbesiegt.

»Ja, aber auch, um große Geschichten zu hören. Eine kleine Maus erzählt von der ganzen Welt, und wir wissen noch nicht mal, dass das Wasser sich erkälten kann.«

»Der arme Kerl. Er ist total verrückt geworden. Ruh dich aus, Junge, du kannst nichts dafür«, sagte Elefant Nummer 2.

Bobo sehnte sich nach Susu, und er langweilte sich ohne sie. Nur um sich zu beschäftigen, sammelte er Nüsse, bis er einen ganzen Berg davon beisammen hatte. Und aus lauter Langeweile schlug er mit dem Rüssel darauf ein, dass die Nüsse in alle Himmelsrichtungen davonflogen. Dann sammelte er sie wieder ein und baute eine Pyramide daraus, Schicht für Schicht, Nuss für Nuss.

Bei Sonnenuntergang kam Susu aus dem Mauseloch. Mit großen Augen schaute sie die Nusspyramide an. »Um Gottes willen! Wann soll ich die alle nach Hause schleppen, diese vielen Nüsse?«, rief sie aus.

»Du brauchst gar nichts zu schleppen. Ich habe die Pyramide so gebaut, dass du bloss die Nuss vorne an der Ecke wegziehen musst. Dann musst du nur schnell rennen, sonst bist du darunter begraben.«

Die Maus packte die Nuss vorne an der Ecke, zählte bis drei und sprang zur Seite, da rollten die Nüsse tatsächlich von allein ins Loch. Drinnen in den Gängen und Räumen flogen die Mäuse durch die Luft, die Nüsse rollten, und die Mäuse fingen an zu schreien: »Hilfe! Hilfe! Was ist das für ein Nussfluss? Eine Nusslawine! Was ist das für ein Glück!« Langsam füllten sich alle Vorratskammern mit Nüssen bis oben hin, und die Mäuse fragten sich verwundert: »Wer hat uns die geschenkt?« Da kam die Susu herein, schmiss die letzte Nuss hin und sagte: »Tja, mit Elefanten muss man befreundet sein.«

Dann ging sie wieder hinaus, ganz stolz, und Bobo wartete auf sie. Er legte seinen Rüssel auf den linken Stoßzahn und Susu krabbelte hinauf. Sie machte es sich auf dem Rüssel bequem, und er wiegte sie hin und her, und sie erzählte schwebend noch viel schönere Geschichten. Eine davon war so spannend, dass Bobo immer heftiger mit dem Rüssel wedelte, bis die Maus rief: »Langsam, ich falle gleich runter!« Sie konnte sich gerade noch am Rüssel festhalten.

»Entschuldigung«, sagte Bobo, »ich war so aufgeregt.«

Von da an trafen sich die beiden jeden Tag. Sie gingen miteinander spazieren, Bobo sammelte Nüsse und Kräuter für Susu und schützte sie vor Wildkatzen, und Susu erzählte ihm Gruselgeschichten, weil er die am liebsten hörte und Gänsehaut davon bekam. Bobo war der erste Elefant in Afrika, der Gänsehaut bekam.

Die anderen Elefanten lachten ihn aus. »Schaut, schaut!«, rief Nummer 1. »Mein Gott, wie die zwei spazieren gehen! Der spinnt doch! Schaut doch, wie er sie umarmt! Um Gottes willen!« Eines Tages sah Nummer 1, dass Susu auf Bobos Rücken tanzte, und er rief ihn zu sich. »Bobo, komm mal her!«, trompetete er.

»Ja, was gibt's?«, fragte Bobo.

»Schämst du dich nicht, mit einer Maus befreundet zu sein?«, zürnte Nummer 1.

»Was gibt es da zu schämen?«, fragte Bobo verwundert.

»Du lässt eine Maus auf deinem Rücken tanzen.«

»Ja, gerne. Das tut gut, es kitzelt so schön. Ich lache mich unten krumm und sie oben. Was gibt's da zu schämen?«, sagte Bobo noch einmal, lachte und rannte zu Susu zurück.

Die Elefanten schauten einander entgeistert an.

Die Mäuse nahmen es am Anfang etwas leichter als die Elefanten, aber mit der Zeit wurden sie neidisch, weil sie Susu noch nie so mutig erlebt hatten, noch nie so fröhlich. Jeden Tag kam sie mit neuen Kräutern, die sie noch nie probiert hatten, mit neuen Blumen, und langsam wurden auch die Mäuse böse.

Eines Tages kam Susu nach Hause, und alle Mäuse hatten sich versammelt und schauten sie grimmig an. »Hör mal gut zu«, sagte die Maus Nummer 1. »Dass du mit einem Elefanten spielst, ist deine Sache. Aber wenn ihr beiden da draußen tobt, dann wackelt hier unten die ganze Bude. Wir können nicht mehr richtig essen, wir brechen uns bald die Zähne ab. Und immer dieses Bum, Bum, Bum über unseren Köpfen, wir kriegen Kopfschmerzen davon!«

»Und ich«, rief Maus Nummer 210, »ich kann nicht mehr im Bett liegen. Ich fliege immer rauf und runter. Und warum? Weil Susu mit ihrem blöden Elefanten spielt.«

»Schau«, sagte Maus Nummer 17, die für ihren Neid bekannt war, »du kannst dich mit einem Krokodil anfreunden, das ist nicht meine Sache. Aber wenn du mit einem Elefanten spielen willst, dann zieh bitte weg aus dieser Gegend.«

»Nein, ich ziehe nicht weg«, antwortete Susu energisch, »ich bleibe mit Bobo hier. Er kann nichts dafür, dass er stark ist. Wenn er geht, bebt die Erde. Und seitdem ich mit ihm spiele, habe ich keine Angst mehr vor Katzen. Wenn ich auf seinem Rücken bin, dann machen die Katzen einen großen Bogen um mich. Spielt doch auch mit Elefanten, und ihr werdet sehen, dass die Katzen bald nur noch Gemüse fressen.«

Die anderen Mäuse schüttelten die Köpfe. »Die spinnt doch«, sagte Maus Nummer 21. »Die war ja immer die Letzte«, bestätigte Maus Nummer 1.

Aber das alles machte Susu genauso wenig etwas aus wie Bobo das Gerede der Elefanten.

Sie liebten einander sehr.

Aber es ist schwierig für eine Maus, einen Elefanten zu lieben. Sie konnte ihn nie umarmen. Wenn sie auf ihn zurannte und ihn aus lauter Sehnsucht umarmen wollte, prallte sie gegen sein Bein und fiel auf den Rücken. »Mach dich doch ein bisschen dünner, ich kann dich nicht umarmen!«, rief sie dann.

»Ich kann nicht dünner werden«, antwortete Bobo.

Wenn Susu ihn küssen wollte, musste sie einen halben Tag lang klettern, bis sie seine Wange oder seinen Mund erreichte. Und wenn sie ihn endlich küsste, spürte er nichts davon. »Was machst du da oben eigentlich?«, fragte Bobo dann.

»Ich habe dir einen Kuss gegeben.«

»Ach, das war ein Kuss? Ich habe nichts gespürt. Noch einmal bitte, aber etwas fester.« Und Susu küsste und küsste ihn, bis ihr die Lippen wehtaten. »Du dicke Haut«, rief sie. »Nein, ich habe keine Lust mehr. Mein Gott, muss ich einen Freund haben, der so dick ist, dass er meine Küsse nicht spürt?«

Aber auch der Elefant hatte es nicht leicht mit der Maus. Wenn Bobo Susu umarmen oder küssen wollte, fragte er schüchtern: »Möchtest du einen Kuss haben?«

»Ja, gerne«, antwortete die Maus und vergaß ganz, dass ihr Freund ein Elefant war. Und Bobo schlenkerte sie mit dem Rüssel zu sich hoch, dass ihr schwindelig wurde.

»Lass mich runter, mir ist schwindelig, lass mich runter!«, flehte die Maus.

Und manchmal gab er ihr einen Schmatz, dass sie beinahe in seinem Mund ertrank.

»Musst du so ein großes Maul haben?«

»Ich habe kein großes Maul, Kleines. Du musst mehr essen und größer werden.«

Und so fraß und fraß Susu immer mehr, sie stopfte alles in sich hin-

ein und wurde kugelrund – aber sie blieb klein. »Ach, ich habe keine Lust mehr. Du sollst abnehmen.«

Und so fraß Bobo immer weniger und wurde immer schwächer auf den Beinen – aber er wurde nicht kleiner. Bald fingen sie an, miteinander zu streiten. Und wenn sie stritten, nahm Susu Anlauf und trat Bobo in den Hintern, aber er spürte davon nichts. Ihr aber tat der Fuß weh und sie humpelte den ganzen Tag.

»Was ist mit dir los? Warum humpelst du?«, wunderte sich Bobo.

»Was für einen dicken Hintern habt ihr Elefanten bloß!«, ärgerte sich Susu.

»Was kann ich dafür? Du trittst mich, und dann ärgerst du dich auch noch darüber.«

Wenn Susu aber Bobo ärgerte – und Mäuse können Elefanten zur Weißglut bringen –, dann wollte Bobo ihr nur einen kleinen Schubs mit seinem Rüssel geben. »Lass mich in Ruhe, geh weg!«, sagte er. Und Susu flog über mehrere Bäume und brauchte Stunden, um zurückzurennen.

»Du bist so brutal«, schimpfte sie, »du schlägst mich, dass ich wegfliege.«

»Ich schlage dich doch nicht. Ich sage nur ›Geh weg!‹, und du fliegst davon wie ein Vogel. Wer weiß, vielleicht war dein Großvater ja einer. Frag mal deine Oma.«

»Ich brauch meine Oma nicht zu fragen. Ich kenne meinen Großvater, er ist ein ganz toller Mäuserich. Aber du hast einen Vogel.«

Und so stritten sie immer mehr, bis sie nicht selten den ganzen Tag traurig waren. Da ging Bobo schließlich zum ältesten und weisesten Elefanten, das war Nummer 11. »Bitte hilf mir«, sagte Bobo traurig. »Was soll ich nur machen? Susu ist den ganzen Tag nur traurig. Wenn ich ihr einen Kuss gebe, wird ihr schwindelig, und wenn ich ihr einen kleinen Schubs gebe, fliegt sie davon.«

»Tja, das ist schwierig«, sagte der alte und weise Elefant. »Aber ich sehe schon, ihr liebt euch, und für Liebende gibt es immer eine Hilfe. Es gibt nämlich eine Zauberblume, die wächst auf dem geheimen Berg. Diese Blume finden nur diejenigen, die jemanden von Herzen lieb haben. Du wirst sie finden, da bin ich mir sicher. Nur musst du dir gut überlegen, was du von ihr verlangst. Du kannst alle Geschenke bekommen und sie erfüllt dir alle Wünsche. Doch was du auch bekommst, ob eine Orange, einen Apfel oder ein Zauberkraut, und was du dir auch zu werden wünschst, ob ein Löwe, ein Fisch oder ein Schmetterling – du kannst es nicht mehr rückgängig machen. Weißt du genau, was du willst?«

»Ja, ich weiß, was ich will«, antwortete Bobo entschlossen. »Ich weiß es ganz genau.«

»Dann geh und denk immer an Susu im Herzen, und du wirst die Blume finden.«

Bobo rannte drei Tage und drei Nächte und dachte nur an Susu. Am dritten Tag sah er in der Ferne einen Berg. Es war der geheime Berg, auf dem die Blume wuchs, und es standen schon andere Tiere Schlange, die etwas von ihr erbitten wollten. Bobo beobachtete alles neugierig und sah viele, die ein Geschenk bekamen, mit dem sie zufrieden davonrannten; dann aber trat ein Löwe vor, murmelte den Zauberspruch und flog als Schmetterling davon.

Als Bobo an die Reihe kam, streckte er seinen Rüssel an die Blume, schloss die Augen und sagte dreimal, wie es die Regel vorschreibt: »Ich möchte ein Mäuserich werden.«

Er machte langsam die Augen auf und entdeckte, wie klein er geworden war, so klein, dass eine Sonnenblume auf einmal mächtig groß war, dann bemerkte er, dass er keinen Rüssel mehr vor den Augen hatte, außerdem besaß er ein braunes Fell und winzig kleine Pfoten.

»Ich bin ein Mäuserich geworden! Ich bin ein Mäuserich geworden! Susu, warte! Jetzt können wir miteinander tanzen und schmusen.«

Bobo rannte zurück. Er rannte ein, zwei, drei Tage, aber er fand den Weg zur Waldlichtung, wo Susu lebte, nicht mehr. Er rannte weiter, und am vierten Tag bemerkte er eine Katze, die immer hinter ihm herrannte.

Bobo kannte keine Angst vor Katzen, er fühlte sich im Herzen ja immer noch wie ein Elefant. Er hielt an und drehte sich um. »Guten Tag, Frau Katze. Sie sind schon eine ganze Weile hinter mir her, kann ich Ihnen helfen?«

Die Katze schaute ihn verdutzt an. »Du willst mir helfen? Eine Maus will einer Katze helfen?«

»Ja, gerne, wenn ich kann. Das habe ich immer getan«, antwortete Bobo fröhlich.

Sieh an, dachte die Katze, das ist eine total verrückte Maus. Die hält mich wohl für einen Hasen. Und laut sagte sie: »Ja, Junge, du kannst mir helfen. Mach die Augen zu und zähle bis zehn.«

Bobo sah die Katze an. Er sah die Gier in ihrem Maul und wusste Bescheid. Ich habe keine Angst, dachte er, aber ich bin klein und sie kann mich fressen.

»Frau Katze«, rief er, »ich kann mit geschlossenen Augen nicht zählen.« Dann rannte er um sein Leben. Am siebten Tag erreichte er endlich die Waldlichtung, wo die Mäuse und Elefanten lebten. Bobo erkannte sofort das Mauseloch von Susu und rief: »Susu! Komm raus, du wirst deinen Augen nicht trauen! Komm raus!« Doch Susu kam nicht. Er rief einmal, er rief zweimal, dreimal, da kam ihre Großmutter, die kannte er gut. Sie schaute den fremden Mäuserich an und fragte: »Was willst du, Fremder? Es ist Mittagszeit, wir machen unser Mittagsschläfchen.«

»Aber Oma! Ich bin kein Fremder, ich bin der Freund von Susu«, antwortete Bobo.

»Willst du mich auf den Arm nehmen?«, entsetzte sich die Maus, »Du bist der Freund von Susu? Sie ist doch mit einem blöden Elefanten befreundet, diese Verrückte.«

»Ja, genau. Ich bin dieser äh . . . Elefant gewesen. Bis vor ein paar Tagen.«

»Ach ja«, sagte die Großmutter, »du warst also ein Elefant? Junge, weißt du, was ein Elefant ist?«, fragte sie in einem lieblichen Ton.

»Natürlich weiß ich das, ich war doch einer! Aber wo ist Susu?«

»Ja, ja«, sagte die Mäuseoma, »du warst ein Elefant. Vielleicht wirst du bald auch noch ein Löwe. Ich gehe lieber und halte Mittagsschlaf.« Mit diesen Worten drehte sie sich um und wollte wieder ins Mauseloch. Doch sie hielt noch einmal kurz an und drehte sich zu Bobo um. »Was willst du hören? Wo Susu ist? Sie ist seit ein paar Tagen verschwunden, die Verrückte. Wer weiß, vielleicht hat sie doch noch eine Katze erwischt.«

Die Großmutter verschwand im Mauseloch, und Bobo ahnte, was geschehen war. »Oh Gott, hoffentlich passiert ihr auf dem Hinweg nichts. Auf dem Rückweg kann ihr nichts passieren.«

Er saß da und war so aufgeregt, dass er die erste Nacht nicht schlafen konnte. Die zweite konnte er es auch nicht, aber am dritten Tag war er so müde, dass er schon beim Sonnenuntergang eingeschlafen war.

Nicht lange, da hörte er mitten im Schlaf seinen Namen, die Erde bebte, er wachte auf und hörte wie von einer Trompete geschmettert: »Bobo, mein Freund! Ich bin da! Nun können wir mit dem Rüssel spielen. Wo bist du?« Bobo wachte auf und konnte sich auf der bebenden Erde kaum halten.

Blätter und Ranken flogen auseinander, und eine wunderschöne Elefantin trat auf die Lichtung. »Bobo, mein Freund, wo bist du?«

»Hier unten!«, antwortete Bobo leise.

Es war wieder Vollmond, und die Elefantin schaute sich um. Sie zählte die Elefanten, aber da waren nur elf. »Wo versteckst du dich denn? Hinter welchem Baum?«, fragte sie.

»Hinter keinem Baum. Hier unten! Schau bitte nach unten! Du trittst gleich auf mich!«

Da schaute die Elefantin nach unten. »Ach Gott, ach Gott!«, rief sie erschrocken. »Du warst also auch bei der Blume?«

»Ja«, antwortete Bobo.

»Und warum hast du mir das nicht gesagt, he?«, fragte sie.

»Du hast mir ja auch kein Wort gesagt. Wollen wir jetzt wieder streiten?«

»Nein, nein«, antwortete Susu. »Bleib, wie du bist, so werde ich dich lieben. Möchtest du ein Küsschen haben?«

»Ja, seit Wochen habe ich keines bekommen«, antwortete Bobo.

Und Susu packte ihn, hob ihn zu sich hoch, dass ihm ganz schwindelig wurde, und gab ihm einen so herzhaften Kuss, dass er beinahe in ihrem Mund ertrunken wäre. Aber er sagte nichts, denn alles, was er hätte sagen können, hatte er schon einmal gehört.

Von da an lebten Bobo und Susu glücklich miteinander, weil jeder einmal der andere gewesen war. Mit der Zeit bekamen sie viele schöne Kinder, das waren die Elemäuse. So heißen die verzauberten Kinder dieser Liebe.

Am Tage sehen sie ganz genau aus wie ein Elefant, aber sie haben das Herz und die Angst einer Maus. Sobald eine winzige Wildkatze vorbeigeht, fangen sie an zu zittern. »Hilfe! Hilfe! Ich bin verloren! Die Katze will mich fressen«, rufen sie, und die Katze schaut die merkwürdigen Elefanten an. »Dich fressen? Da breche ich mir doch die Zähne. Was haben die Elefanten heute, die spinnen wohl. Ich soll einen Elefanten fressen?«

Sobald die Sonne untergeht, schrumpfen die Elemäuse zu winzig kleinen Mäusen, die aber die Kraft und den Mut eines Elefanten haben. Sie sausen wie ein Pfeil durch den Wald, keine Katze kann sie fangen, so schnell sind sie. Sobald sie aber eine Katze sehen, halten sie an und fragen: »Guten Abend, Frau Katze. Kann ich Ihnen helfen? Suchen Sie etwas?«

Die Katzen werden davon ganz närrisch: »Hilfe! Hilfe!«, schreien sie. »Am Tag zittern die Elefanten vor uns, und in der Nacht wollen uns die Mäuse helfen.«

Deshalb flüchteten irgendwann die Wildkatzen aus diesem Wald, und die Elemäuse lebten glücklich bis ans Ende ihrer Tage.

Fatima oder die
Befreiung der Träume

In alter Zeit lebte eine arme Witwe mit ihren beiden Kindern, Hassan und Fatima. Ihr Mann, ein armer Holzhauer, war kurz nach der Geburt der Tochter gestorben. So lebte die Frau in Armut und erzog die Kinder in großer Not. Tag für Tag ging sie in das nahe Kloster und half dort bei der Wäsche, in der Küche und im Garten, und des Abends kehrte sie erschöpft nach Hause zurück, knotete ihr kleines Bündel auf und gab Hassan und Fatima das bisschen Essen, das sie aus dem Kloster mitgebracht hatte.

Als Hassan vierzehn Jahre alt war, wurde die Mutter eines Tages vor Erschöpfung krank. »Mutter«, sagte Hassan, »wir haben nur noch für zwei Wochen Mehl und Salz, Zwiebeln und Kartoffeln. Ich will hinausgehen und mir Arbeit suchen.«

»Aber mein Sohn, du bist noch ein Kind«, erwiderte die Mutter mit schwacher Stimme. »Bete mit deiner Schwester, damit ich schnell gesund werde und wieder im Kloster arbeiten kann.«

Hassan zog dennoch hinaus, aber sosehr er sich auch bemühte, er fand den ganzen Tag keine Arbeit. Als es schon dunkel wurde, sah er in der Ferne die Lichter eines großen Schlosses und eilte dorthin. Es war bereits spät, als er das Schlosstor erreichte. Er klopfte an, ein großer Mann öffnete und schaute Hassan an. »Was willst du hier?«, fragte er.

»Ich suche Arbeit. Haben Sie Arbeit für mich, Herr?«

»Sicher, aber bei mir wirst du es nicht aushalten. Niemand hält es hier länger als eine Woche aus.«

»Ist die Arbeit so schwer?«

»Nein, die Arbeit ist kinderleicht, aber ich mag es nicht, wenn ein Knecht sich ärgert. Bist du oft zornig?«

»Oft nicht, aber manchmal schon.«

»Dann wirst auch du es bei mir nicht aushalten. Sobald du zornig wirst, verlierst du deinen Lohn und wirst auch nie mehr träumen können.«

Hassan hielt den Mann für verrückt. Er lächelte und dachte bei sich: Die Alpträume der letzten Wochen und Tage können mir gestohlen bleiben. Doch er setzte eine ernste Miene auf.

»Wie viel würden Sie mir zahlen?«, fragte er.

»Wenn du bei mir arbeitest und dich nicht ärgerst, bekommst du in der Woche ein Goldstück. Das bekommst du am Samstagabend. Wenn du dich aber ärgerst, so bekommst du keinen Groschen und verlierst deine Träume für immer. Willst du trotzdem bei mir arbeiten?«

»Habe ich richtig gehört, dass ich ein Goldstück für die Woche bekomme?«

»Ja. Wenn du dich aber . . .«

»Ich ärgere mich nie«, unterbrach Hassan ihn freudig und betrat das Schloss.

Schon am selben Abend erklärte der Schlossherr, was Hassan zu tun habe: Jeden Morgen die dicke Kuh melken, das edle Pferd im Hof zehn Runden am Zügel führen, am Nachmittag den Perserteppich säubern und weiche Kissen darauf legen, den Weihrauch in der kleinen silbernen Schale anzünden und den exotischen Matebrockentee servieren. Das machte er jeden Tag. Die Arbeit war nicht schwer; Hassan wunderte sich jedoch über das große Schloss. Fünfhunderteinundzwanzig Zimmer zählte er. Fünfhundertzwanzig Zimmer durfte er betreten. Ihre Böden waren aus Marmor, die Wände aus Silber und die Decken aus Gold. Nur ein Zimmer war immer verschlossen.

Eine alte Frau erschien jeden Tag vor der Morgendämmerung, putzte bis zum Sonnenuntergang und verließ dann wieder das Haus. Sie war stumm und schwarz gekleidet. Ihr finsterer Blick war Hassan unheimlich. Und wenn sie an die verschlossene Tür kam, so bekreuzigte sie sich und eilte vorbei. Hassan arbeitete eifrig und lächelte von Tag zu Tag zufriedener. Nacht für Nacht lag er in seinem Kämmerlein unter dem Dach und träumte von dem Augenblick, in dem er seiner Mutter stolz das Goldstück überreichen wollte. Damals konnte eine Familie einen ganzen Monat lang von einem Goldstück leben. Am Freitagabend schwor Hassan bei allem, was ihm teuer und heilig war, dass er sich am nächsten Tag nicht ärgern würde, was immer der Schlossherr auch machen würde. Mit diesem Entschluss hüpfte er am frühen Samstagmorgen aus dem Bett und lief zuerst in die Küche. Er machte wie an jedem Morgen Feuer im Herd und ging pfeifend in den Kuhstall. Dort molk er die Kuh und kehrte mit der Milchkanne in die Küche zurück, wo der Herr bereits auf ihn wartete.

»Einen wunderschönen Morgen wünsche ich Ihnen!«, rief Hassan, doch der Schlossherr lächelte nur merkwürdig. »Zeig mal her!«, herrschte er seinen Knecht an, riss ihm die große Milchkanne aus der Hand und schaute hinein. »Du hast davon getrunken!«, schrie er.

»Aber Herr, ich trinke nie Milch. Sie bekommt mir nicht.«

»Du wagst zu behaupten, dass ich lüge?«, brüllte der Schlossherr wild.

»Nie im Leben, Herr, ich habe bloß . . .« Doch Hassan konnte nicht zu Ende reden, denn der zornige Herr leerte die Kanne über seinem Kopf aus. Hassan kochte vor Wut, aber er biss die Zähne zusammen, als der Schlossherr ihn fragte: »Ärgerst du dich?«

»Nein«, antwortete Hassan und wunderte sich über das teuflische Lachen seines Herrn.

»Wenn du dich nicht ärgerst, ist es nur gut für dich. Geh und führe das Pferd aus.«

Hassan ging davon. Er wischte die Milch von seinem Gesicht und kochte innerlich über die Schmach. Draußen war es eiskalt. Seine nassen Kleider klebten an seiner Haut. Hassan zitterte. »Bloß nicht ärgern lassen, bloß nicht . . .«, murmelte er. Er führte das Pferd am Zügel zehn Runden im großen Hof herum, wie jeden Tag. Seine Finger schmerzten, und seine schlechten Schuhe lösten sich langsam vor Nässe auf, doch er musste durchhalten. Fast erfroren trat Hassan in die Küche und wollte seine Hände am Kamin wärmen.

»Du bist aber heute sehr schnell fertig«, donnerte die Stimme des Schlossherrn. »Waren das zehn Runden?«, fragte er und lachte.

»Ja, Herr, es waren zehn Runden.«

»Bist du rechts herum oder links herum gegangen?«, fragte der Herr wieder. Hassan schaute ihn erstaunt an, denn eine solche Frage hatte er nicht erwartet.

»Links . . . nein . . . rechts herum, wie immer.«

»Um Gottes willen!«, rief der Mann entsetzt. »Deshalb ging es meinem edlen Pferd so schlecht. Links herum musst du gehen, also mach zehn Runden, um die falschen auszugleichen, und dazu zehn richtige Runden, damit mein Pferd sich wieder wohl fühlt.«

»Aber Herr, es ist sehr kalt . . .«

»Ein Knecht widerspricht seinem Herrn nicht, es sei denn, er hätte sich geärgert. Hast du dich geärgert?«

»Nein, ich ärgere mich nie!«, flüsterte Hassan und stürzte hinaus. Er zog das Pferd zwanzig Runden links herum und flüsterte immer wieder: »Bloß nicht ärgern, es ist bald vorbei.« Als er erschöpft das Pferd in den Stall brachte, stand die stumme Putzfrau da, als hätte sie auf ihn gewartet. Sie blickte ihn mit besorgten Augen an, lief auf ihn zu, drückte fest seine Hände und lächelte, als wolle sie ihm Mut machen. Doch Hassan stieß sie von sich. »Du bringst mir noch Pech heute, lass mich in Ruhe«, rief er und eilte ins Haus.

In der Küche saß der Schlossherr hinter dem großen Tisch und speiste. Mehrere Schüsseln mit bunten und herrlich duftenden Gerichten füllten den Tisch. Hassans Magen knurrte vor Hunger, denn er hatte noch keine Zeit gehabt zu frühstücken. Er wollte sich ein Stück Brot abschneiden und es mit einem kleinen Stück Käse essen. Der Schlossherr aber lachte laut: »Was sehe ich da? Willst du etwa essen?«

»Ja, Herr, ich habe noch nicht gefrühstückt.«

»Habe ich dir nicht gesagt, dass meine Knechte am letzten Tag nichts essen dürfen?«, fragte er und grinste Hassan an.

»Nein, Herr, das haben Sie nicht gesagt«, antwortete Hassan und die Wut stieg in seiner Brust auf.

»Dann habe ich es vergessen. Jetzt kann ich es dir sagen. Du darfst nichts essen und schon gar nichts trinken. Bist du darüber verärgert?«

»Nein, Herr, ich kann den Tag auch ohne Essen verbringen. Ich ärgere mich nie!«, rief Hassan und wollte hinausgehen, aber der Schlossherr brüllte fast vor Lachen.

»Ich sehe es, mein Kleiner, du fängst an, dich zu ärgern, deshalb darfst du nicht aus der Küche gehen. Du musst hier in meiner Nähe bleiben«, befahl er und begann wieder zu essen. Er schmatzte und stöhnte vor Genuss.

Hassan dachte zum ersten Mal über die sonderbaren Gerichte nach, die der Schlossherr täglich zu sich nahm, ohne dass irgendein Koch sie zubereitete. Wenn er sich satt gegessen hatte, verschwand alles so plötzlich, wie es aufgetischt worden war. Nie hatte Hassan so genau hingeschaut wie an jenem Samstag. Eine große Angst lähmte ihn, als er hörte, wie der Schlossherr schwärmte: »Oh, wie lecker die Träume der Knechte sind!«

Immer wieder fragte der Schlossherr, ob Hassan sich ärgere; der antwortete nicht mehr, sondern schüttelte nur noch den Kopf. Mit Mühe konnte er seine Tränen zurückhalten. Als der Herr mit dem Essen fertig war, rief er: »Und nun mach mir meine Sitzecke zurecht!« Hassan stand auf und ging mit langsamen Schritten in den großen Raum, wo er jeden Nachmittag den Perserteppich bürstete und die weichen Kissen aufschüttelte, damit der Schlossherr im angenehmen Duft des Weihrauchs seinen Tee genießen konnte. Doch als Hassan den ohnehin sauberen Teppich abgestaubt hatte, trat der Schlossherr mit verdreckten Stiefeln auf den Teppich und ging ein paarmal hin und her, um dann wieder hinauszugehen. Der Teppich war nun richtig schmutzig und Hassan musste von vorne anfangen. Doch alsbald betrat der Schlossherr wieder den Raum und verschmutzte erneut den Teppich. »Aber Herr!«, stöhnte Hassan.

»Was ist?«, lachte der Mann. »Ärgert es dich, dass ich immer wieder komme? Wenn das so ist, brauchst du es nur zu sagen, dann komme ich nicht mehr.«

»Nein, es ärgert mich überhaupt nicht«, knirschte Hassan und schrubbte weiter. Erst am späten Nachmittag zog der Schlossherr seine schmutzigen Stiefel aus. Er klopfte auf Hassans müde Schultern und brüllte: »Jetzt ist der Tee fällig!«

Hassan schleppte sich in die Küche, um den Matebrockentee aufzukochen. Dort traf er die alte Frau wieder. Sie lächelte ihn an und drückte seine erschöpften Hände. Hassan wollte sie von sich stoßen, da er sehr verärgert war, aber die alte Frau hielt seine Hände fest und lächelte. Sie stieß unverständliche Laute aus und zeigte auf das verschlossene Zimmer, aber Hassan verstand nicht, was sie sagen wollte. Er kochte den Tee, stellte die Kanne und die vorgewärmte Tasse auf das silberne Tablett und trug es zum Schlossherrn. Der Matetee duftete anregend, doch als der Mann den ersten Schluck genommen hatte, spuckte er aus und stieß die Tasse fort.

»Was ist das nur für ein Sud? Hast du den guten Tee ausgetrunken und bringst mir stattdessen den zweiten Aufguss?«, schrie er.

»Aber Herr. Bei der Seele meines Vaters! Ich habe keinen Tropfen davon getrunken«, stammelte Hassan ängstlich.

»Du Lügner, du! Willst du mich quälen?«, rief der Schlossherr und warf mit der Teekanne nach Hassan. Sie traf ihn mitten im Gesicht und fiel zu Boden.

Hassans Geduld erstarb bei dieser Demütigung. »Genug!«, schrie er und trat die Kanne gegen die Wand. »Was soll das? Ich habe mich die ganze Woche abgeschuftet, und nun willst du mich um die Frucht meiner Arbeit bringen. Jawohl, ich ärgere mich über deine

Schweinereien. Ich könnte dich erwürgen. Was glaubst du, wer du bist? Hm?« Hassan schrie, wie er noch nie geschrien hatte, aber den Schlossherrn schien dies nur zu amüsieren. Er wälzte sich auf seinen weichen Kissen vor Lachen. Hassan erkannte nun, dass er verloren hatte. Er nahm seine Jacke und ging. Die Rufe des Schlossherrn hallten ihm nach: »Deine Träume werden mir schmecken . . . deine Träume werden mir schmecken . . .«

Hassan heulte, als er das Schlosstor hinter sich zuschlug. Die alte Frau saß auf einem flachen Stein vor dem Tor. Sie begrub ihren Kopf in den Händen und weinte.

Hassan rannte mit letzter Kraft nach Hause, aber erst um Mitternacht erreichte er das Haus. Er sah eine kleine Kerze am Fenster und konnte die Mutter im Bett liegen sehen, da das einzige Zimmer ihrer Hütte keinen Vorhang hatte. Fatima saß neben ihr und nähte. Nacht für Nacht stellte sie die Kerze ans Fenster, denn sie hatte geschworen, nie das Licht ausgehen zu lassen, solange ihr Bruder noch in der Fremde war. Hassan zögerte lange vor der Tür. Er schämte sich, mit leeren Händen hineinzugehen. Er hörte die Mutter fragen, ob Hassan je zurückkehren würde. Fatima beruhigte sie und sagte, dass er sie nie vergessen würde. Hassan, der diese Worte vernahm, wäre am liebsten vor Zorn und Trauer gestorben. Endlich fasste er Mut und betrat das Zimmer. Die Freude der beiden war unbeschreiblich, doch Hassan weinte nur und erzählte von seinem Unglück. »Wenn ich etwas klüger gewesen wäre, so hätte ich den Schlossherrn noch die paar Stunden ertragen. Ich bin dumm.«

»Nein, Bruder, du bist klüger als alle Schlossherren der Erde. Du warst nur viel zu gutmütig. Warte hier bei der Mutter. Ich will mein Glück versuchen und dir deine Träume zurückholen.«

»Aber Tochter, du bist erst zwölf und so klein und schwach«, klagte die Mutter, doch Fatima machte sich am nächsten Morgen auf den Weg. Sie wusste, dass es im Hause nur noch für eine Woche Vorrat gab. Hassan beschrieb ihr den Weg zum Schloss, und so war es für Fatima nicht schwer, es schon am frühen Nachmittag zu erreichen. Sie klopfte an und wartete. Die stumme Putzfrau kehrte im Hof. Sie schaute kurz auf, schüttelte den Kopf und arbeitete weiter.

»Ach, wen haben wir denn da?«, rief der Schlossherr. »Ein kleines Mädchen! Hast du dich verirrt, oder willst du um ein Stück Brot betteln?«

»Ich hatte gestern einen Traum, und er führte mich zu deinem Schloss«, antwortete Fatima.

»Was für einen Traum? Und warum führte er dich zu mir?«, belustigte sich der Schlossherr.

»Ich soll hier eine Woche lang arbeiten und reich und glücklich nach Hause zurückkehren.«

»Ich brauche hier zwar jemanden, aber du wirst es nicht aushalten. Bei mir darfst du dich nicht ärgern, denn dann verlierst du deinen Lohn und deine Träume.«

»Und was bekomme ich für die Woche?«

»Diese Goldmünze«, sagte der Schlossherr.

»Zeig her, was mir gehören soll!«, antwortete Fatima.

Der Schlossherr war erstaunt über ihre Frechheit, doch er zog eine glänzende Goldmünze aus seiner Manteltasche und reichte sie Fatima. Sie nahm die Münze, warf sie mehrmals auf den Boden und horchte auf ihren Klang, dann schaute sie misstrauisch die Münze an und biss in die Kante. »Sie ist echt«, bestätigte sie.

»Aber du darfst dich nicht aufregen. Wenn du dich nämlich ärgerst, wirst du gar nichts bekommen und verlierst deine Träume«, wiederholte der Schlossherr und öffnete das Tor, so als wüsste er, dass die Goldmünze jeden verführt.

»Ich ärgere mich nie«, antwortete Fatima und betrat den Hof. »Aber was ist, wenn *du* dich ärgerst?«

»Ich? Kein Mensch auf der Erde kann mich ärgern!«, rief der Schlossherr amüsiert.

»Aber was ist, wenn du dich doch ärgerst?«, lachte Fatima hell.

»Dann bekommst du zwei Münzen«, antwortete der Schlossherr und zeigte Fatima, was sie zu tun hatte.

Am nächsten Tag arbeitete Fatima, sang und lachte und beobachtete den Schlossherrn, der kurz vor dem Mittagessen das verschlossene Zimmer aufsuchte, für eine kurze Weile hineinging und fröhlich herauskam. Der Tisch deckte sich plötzlich mit den schönsten Gerichten, Früchten und Weinen. Gierig aß der Herr und sang: »Oh, wie gut die Träume schmecken!« Abends ging er wieder in das Zimmer hinein, und als er wieder herauskam, hörte Fatima ihn vor dem Schlafengehen singen: »Oh, wie weich die Träume mein Bett machen!« Fatima versuchte mit aller Kraft, das Schloss zum geheimnisvollen Zimmer aufzukriegen, aber sie schaffte es nicht. Erschöpft fiel sie zu später Stunde auf die Heumatratze in ihrem Kämmerlein und schlief sofort ein. Am nächsten Morgen grüßte Fatima die alte Frau und lächelte sie an. Als diese sich am Vormittag ermüdet an die Wand im großen Korridor lehnte, ging Fatima zu ihr, streichelte ihre vernarbten Hände und lächelte sie wieder an. Die Frau schaute jedoch weg.

»Hat er dir deine Träume geraubt?«, fragte Fatima.

Die Frau drehte sich zu dem jungen Mädchen um, ihre Augen waren voller Tränen. Sie nickte.

»Und deine Worte, hat er sie dir auch gestohlen?«, bohrte Fatima weiter.

Die Frau nickte erneut. Fatima umarmte sie. »Hab keine Sorge, wir werden einen Weg finden«, ermunterte sie die Alte.

Am späten Abend wartete Fatima, bis der Schlossherr ins Bad ging. Sie folgte ihm. Als sie hörte, wie er in der großen Badewanne sang, schlich sie in den Umkleideraum. Dort lagen die seidenen Kleider und die goldene Kette mit dem kleinen Schlüssel zum verschlossenen Zimmer. Fatima zog einen Wachsklumpen aus ihrer Tasche und nahm einen Abdruck von dem Schlüssel. Das Blut erstarrte in ihren Adern, als der Schlossherr rief: »Es zieht, es zieht. Ich sehe alles. Bewege dich nicht!« Doch Fatima rannte hinaus und legte sich ins Bett. Nach einer Weile spürte sie, wie der Schlossherr die Tür zu ihrer Kammer öffnete und die Öllampe hochhielt. »Nein, die schläft!«, flüsterte er und ging.

Am nächsten Morgen drückte Fatima der alten Frau den Wachsklumpen in die Hand und die eilte damit in die Stadt. Am Freitag kam sie und überreichte Fatima einen kleinen Schlüssel aus Messing. Fatima wartete, bis der Schlossherr schlafen gegangen war. Dann nahm sie den Schlüssel und schlich barfuß zum Zimmer. Ihr Herz klopfte stark, als sie den Schlüssel ins Schloss steckte. Sie drehte ihn um, und siehe da, die Tür öffnete sich. Ein buntes Licht strahlte ihr entgegen, als sie das Zimmer betrat. Sie blieb wie angewurzelt stehen. Tausende von kleinen goldenen Käfigen hingen in dem großen fensterlosen Zimmer. In jedem Käfig flatterte hilflos ein Schmetterling. Ihre Flügel schimmerten und strahlten wie tausend kleine Monde und Sterne. Nur mit Mühe konnte sich Fatima zurückziehen. Nicht nur die Schönheit der Schmetterlinge machte es ihr schwer, sondern auch der Gedanke, dass sie sie noch in Gefangenschaft lassen musste, bis der ersehnte Augenblick gekommen wäre.

Am Samstagmorgen strahlte der Schlossherr Fatima erwartungsvoll an: »Wenn du diesen Tag aushältst, bist du um eine Goldmünze reicher«, rief er und lachte listig.

»Ich träumte, dass ich um zwei Münzen reicher würde«, erwiderte Fatima.

»Träumerin! Sieh nun zu, dass du die Milch holst, bevor sie in den Eutern meiner teuren Kuh zu Joghurt wird«, befahl er. Fatima nahm die Kanne, lächelte der alten Frau zu, die vor der Küche den Boden fegte, und ging pfeifend in den Stall. Dort schaute sie die fette Kuh an und sprach: »Was machst du hier? Du arme Kuh! Fressen und schlafen, um gemolken zu werden. Bald wird er dich schlachten, weil du immer weniger Milch gibst. Geh in den Wald, dort ist das Leben gefährlich, aber doch lebenswert.« Mit diesen Worten öffnete sie die Tür, gab der Kuh einen kräftigen Schlag mit der flachen Hand auf den Hintern und kehrte mit der leeren Kanne ins Haus zurück. Als hätte sie die Worte verstanden, rannte die Kuh schnell in den nahen Wald und verschwand nach einer kurzen Weile im Dickicht.

»Was? Du hast die Kuh noch nicht gemolken?«, brüllte der Schlossherr, als er Fatima mit der leeren Kanne sah.

»Die Kuh hat keine Lust mehr. Ich kam, um sie zu melken, da sprach sie: ›Geh und sag dem fetten Zweibeiner, ich habe keine Lust mehr, hier zu verblöden, damit er noch fetter wird. Ich haue ab.‹ Das hat sie gesagt und ist wirklich auf und davon gegangen.«

»Was? Meine teure Kuh ist fortgelaufen?«, schrie der Mann und sprang vom Sessel auf.

»Ärgerst du dich darüber?«, fragte Fatima und lächelte.

Der Schlossherr bemerkte sofort seinen Fehler. Er grinste: »Nein, ich glaube dir aber nicht. Sattele mir das Pferd. Ich werde hinausreiten und die Kuh fragen, ob sie dir das gesagt hat, und wenn du gelogen hast, wirst du den Stall mit deiner Zunge putzen, aber ohne dich zu ärgern. Beeile dich, ich habe keine Zeit!«

Fatima eilte in den Stall. Sie befreite das Pferd vom Zügel und sagte: »Pferd, schau, wie schön du ohne Zügel ausschaust. Draußen sind die Berge und Flüsse, die deine Hufe begehren. Geh! Was willst du in diesem stinkenden Stall?« Mit diesen Worten gab sie ihm einen Klaps auf den Hintern, und das Pferd rannte wie ein Pfeil davon.

»Das Pferd«, sagte Fatima, als sie zum Schlossherrn zurückkehrte, »hatte keine Lust mehr, dich zu tragen. Es sagte, du seist viel zu schwer für seinen Rücken, und für das bisschen Hafer lohne es sich nicht, die Schmach bei dir zu ertragen. Das Pferd will lieber die Welt bereisen, und wenn es einen noch schlimmeren Menschen als dich trifft, so wird es zurückkommen.«

»Ich werde verrückt. Mein edles Pferd ist weg. Ich höre nicht richtig!«, schrie der Schlossherr.

»Doch, doch, aber ich sehe schon, dass du dich ärgerst«, lachte Fatima.

»Nein!«, brüllte er. »Kühe und Pferde sind käuflich, und was ich mit meinem vielen Gold erwerben kann, das kann mich nie ärgern. Nun geh und mache mir einen Tee.«

»Jetzt schon?«

»Ja, jetzt. Samstag ist ein ungewöhnlicher Tag.«

»Ich habe aber noch nicht gefrühstückt«, antwortete Fatima und nahm einen Brotlaib aus dem Korb.

»Ich habe vergessen«, heuchelte der Schlossherr, »dir zu sagen, dass meine Knechte am Samstag nicht essen dürfen. Lass das Brot und beeile dich, mir einen Tee zu kochen.«

»Wenn ich nicht esse, werde ich schwerhörig und vergesslich. Was hast du zuletzt gesagt?«

»Matebrockentee!«, brüllte der Schlossherr.

»Komisch! Den willst du trinken?«

»Was ist daran komisch? Ich trinke ihn jeden Tag«, erwiderte der Herr laut.

»Bist du sicher?«

»Ja!«, stöhnte er.

Fatima werkelte eine Weile am Herd und kehrte mit einer großen, dampfenden Tasse zurück. Der Herr nahm einen Schluck und musste sofort husten und spucken. »Was ist das denn?«, schrie er und wischte sich angewidert den Mund.

»Altesockentee«, antwortete Fatima.

»Was hast du gekocht?«

»Alte Socken. Ich habe mich auch gewundert und dachte, ich irre mich, doch du hast gesagt, jawohl, das will ich trinken.«

»Ich habe Matebrocken und nicht alte Socken gesagt«, knurrte der Schlossherr.

»Entschuldige bitte. Mein leerer Magen betäubt meine Ohren. Ärgerst du dich jetzt?«, fragte Fatima.

»Ich?«, lachte der Herr bitter. »Nein, aber bald ist es Mittag, und du wirst hoffentlich deinen Hunger ertragen.«

»Doch, du ärgerst dich, aber du willst es nicht zugeben«, entgegnete Fatima und eilte hinaus. Die alte Frau strahlte ihr entgegen. »Nur noch ein paar Stunden, dann wirst du deine Träume wiederhaben«, flüsterte Fatima und half der Frau bei ihrer Arbeit auf dem Hof.

Kurz vor Mittag hielt sie inne und schaute die Frau an. »Jetzt ist es so weit.« Die Frau ließ den Besen fallen und eilte mit Fatima ins Haus. Fatima öffnete die Tür zum Gefängnis der Schmetterlinge und befreite sie alle aus ihren goldenen Käfigen. Sie flatterten aus dem Zimmer und flogen aus dem Haus hinaus wie ein Bündel Farben. Zwei Schmetterlinge landeten auf dem Kopf und dem Mund der alten Frau, küssten sie, und die Frau lachte und sprach: »Mein Name ist Mariam.« Fatima und Mariam fielen sich in die Arme, und als sie dem letzten Schmetterling ans Licht geholfen hatten, schlossen sie leise die Tür und gingen wieder auf den Hof.

Es dauerte nicht lange, bis sie das Gebrüll des Schlossherrn hörten. »Wo sind die Träume? Wer hat sie gestohlen? Wo sind die Träume? Wie soll ich jetzt noch essen und ruhig schlafen?«

Mariam zischte: »Warte, du verfluchtes dickes Schwein, wenn du erst meinen Besen schmeckst, wirst du bestimmt ruhig schlafen.« Fatima bog sich vor Lachen, als der Schlossherr plötzlich an der Türschwelle stand und die sprechende Mariam anstarrte. »Du . . . ka . . . ka . . . kannst . . . wie . . . wieder sprechen?«

»Bist du taub geworden, du Esel?«, antwortete Fatima und schüttelte sich vergnügt vor Lachen.

»Du hast also die Schmetterlinge geraubt!«, sprach der Herr mit trockener Kehle.

»Und du hast dich geärgert. Gib es zu!«, rief Fatima.

»Jawohl, das hat mich geärgert, aber du wirst keinen Groschen sehen, weil du eine Diebin bist!«, empörte sich der Schlossherr.

Fatima griff nach einem kräftigen Ast und Mariam nahm den Besen. »Das werden wir sehen«, sagten sie und schlugen so lange auf den Mann ein, bis er um Gnade bettelte und jeder von ihnen zehn

Goldstücke gab. Mariam umarmte Fatima, küsste sie und tanzte mit ihr im Kreis, dann aber eilte sie davon. »Leb wohl, tapferes Mädchen!«, rief sie immer wieder, bis sie hinter dem Hügel verschwand. Fatima ging geradewegs durch den Wald, als sie das Pferd wiehern hörte, das ihr entgegengetrabt kam. Fatima sprang auf das Pferd und ritt davon. Es war schon dunkel, als sie ihre kleine Hütte erreichte. Sie freute sich über die Genesung ihrer Mutter und die Freude ihres Bruders. Tagelang hatte er nicht schlafen können, bis an diesem Tag ein bunter Schmetterling ins Haus geflattert kam und ihn auf die Stirn küsste, um danach wieder in den blauen Himmel aufzusteigen. Sofort fiel er in einen tiefen Schlaf und träumte von Fatima. Die Mutter kochte den feinen Matetee, den Fatima mitgebracht hatte, und sie hörte mit Hassan bis tief in die Nacht die Geschichte, die ich gerade zu Ende erzählt habe.

Der fliegende Baum

Auf einem kleinen Feld lebten einst ein alter, knorriger Apfelbaum und ein junger, hochgewachsener Aprikosenbaum. Sie hatten genug Platz zum Leben und standen so weit auseinander, dass keiner im Schatten des anderen leben musste. Von Jahr zu Jahr brachte der Aprikosenbaum immer mehr Blüten hervor, und der alte Apfelbaum regte sich über seinen Nachbarn auf:

»Du trägst viel zu viele Blüten. Die Bienen haben kaum noch Zeit, die meinen zu befruchten.«

»Ich bin nun mal fleißig«, antwortete der Aprikosenbaum stolz, »und die Bienen auch. Du bist alt und taugst höchstens noch für den Ofen.«

Diese Zankereien hörten zum Ende des Frühlings hin auf, denn bis dahin hatten die emsigen Bienen die Blüten beider Bäume bestäubt. Im Sommer strahlte dann der Apfelbaum.

»Was für miese Früchte trägst denn du? Es sind viel zu viele, bei der kleinsten Windböe fallen sie dir herunter. Schau her, jeder Apfel ist ein Stern. Kein Wunder, dass der Bauer euch nur noch zu Marmelade zerquetscht. Ein jämmerlicher Marmeladenheini bist du!«, spottete der Apfelbaum und schaute stolz auf seine großen, rotbackigen Äpfel.

»Wasserkopf! Aus dir wird ja nur ein geschmackloser Saft gepresst. Ein ganz billiger Saftladen bist du!«

Doch als der Herbst ins Land zog, redeten die Bäume immer weniger miteinander; denn ihre Früchte waren geerntet, und sie wussten nicht, worüber sie sich noch streiten sollten. Sie langweilten sich den ganzen Tag, bis der Winter den Herbst ablöste, dann fielen sie in tiefen Schlaf.

Eines schönen Tages im Frühjahr jedoch drängte sich ein kleiner Baum aus dem Boden ans Licht der Welt. Als Erster bemerkte ihn der Apfelbaum.

»Dieser Aprikosenschuft hat heimlich einen Kern in den Boden gepflanzt, und bald wird der Bauer mich abholzen und nur noch Aprikosenbäume auf seinem Land beherbergen. Ich bin alt und trage von Jahr zu Jahr weniger. Der Bauer lässt nicht einen Apfel am Boden verkommen, so dass ich mich an keinem einzigen Sprössling erfreuen kann!«

»Guten Morgen!«, grüßte der kleine Baum fröhlich und erschreckte den Aprikosenbaum, der damit beschäftigt gewesen war, den Bienen den Hof zu machen.

»Guten Morgen! Wer bist denn du?«, fragte der Aprikosenbaum erstaunt. Er dachte dabei im Stillen, der Apfelbaum wolle den Bauern auf seine alten Tage mit einem Spross verführen.

»Iiich? Ein Baum!«

»Ja, gut, aber was für einer?«, fragten die beiden Alten wie aus einem Mund.

»Das weiß ich nicht. Genügt es nicht, ein Baum zu sein?«, fragte der kleine Baum.

»Nein, du musst etwas Bestimmtes werden! Schau, Aprikosen sind am fleißigsten. Gefallen sie dir nicht?«, sprach der Aprikosenbaum schmeichlerisch.

»Ja, doch«, antwortete der junge Nachbar und bekam sogleich zwei zierliche Aprikosenblätter.

»Lass dich, junger Freund, von dem Marmeladentrottel nicht einmachen. Äpfel sind das Schönste auf der Welt!« Der Apfelbaum sprach so überzeugend, dass der kleine Baum auf der Stelle zwei Apfelblätter bekam.

»So geht es nicht! Du musst dich entscheiden. Apfel oder Aprikose?«, erboste sich wieder der andere Nachbar.

»Ich weiß es noch nicht! Ich brauche doch Zeit!«, wunderte sich der junge Baum.

»Armer Trottel!«, stöhnten die beiden Alten und kümmerten sich wieder um die Bienen.

Der kleine Baum beobachtete die Sonne, und sie gefiel ihm, weil sie so rund und leuchtend war. Kurz vor ihrem Untergang bekam er ein rundes Blatt. Es wurde dunkel, aber der junge Baum war so aufgeregt, dass er nicht schlafen konnte. Es war seine erste Nacht. Die Sterne grüßten ihn, und alsbald erkannte er, dass kein Stern dem anderen glich, jeder hatte eine andere Geschichte. Der Mond verzauberte seinen Zuhörer mit Erzählungen, bis er in der Dämmerung in Schlaf fiel.

Am nächsten Morgen staunten die Nachbarn über die vielen neuen Blätter, einige sahen wie Sterne aus, und aus dem Wipfel ragte ein kleiner Stiel, der einen grünen Halbmond trug.

»Das kann ja heiter werden«, spottete der Apfelbaum.

»Du Nichtsnutz, jeder Baum trägt nur eine Art von Blättern und kümmert sich um seine Früchte«, belehrte ihn der Aprikosenbaum.

»Warum denn? Ist es nicht wunderbar, Sterne und Monde zu tragen?«

»Nein, wozu?«

»Sie erzählen doch die schönsten Geschichten!«

»Was nutzt einem Baum die schönste Geschichte. Früchte musst du tragen.«

»Ich finde aber Geschichten sehr schön. Könnt ihr mir auch welche erzählen?«

»Das wird ja immer lustiger! Geschichten, sagst du?«

»Ja! Ihr seid doch alt genug, oder?«, fragte der junge Baum.

»Ich kann keine Geschichten erzählen. Ich kann dir aber die Wahrheit sagen«, stöhnte der Aprikosenbaum.

»Und was ist die Wahrheit?«

»Die Erde ist eine große Aprikose! Das ist die Wahrheit.«

»Er lügt«, unterbrach giftig der Apfelbaum. »Das ist ein Märchen. Die Wahrheit ist, die Erde ist ein runder Apfel.«

Über diesem Streit vergaßen die beiden Nachbarn den kleinen Baum. Eine Schwalbe jagte mit graziösem Flug eine Mücke. Plötzlich sah sie den prächtigen Baum.

»Du siehst aber komisch aus. Was bist du denn für einer?«

»Ich weiß es noch nicht. Ich bin ein Baum, genügt das nicht?«

»Doch, doch! Ich finde dich toll«, rief die Schwalbe.

»Kannst du Geschichten erzählen?«, fragte der junge Baum.

»Na, du bist vielleicht ein komischer Kerl! Aber warte, ich komme mit einer Freundin zurück. Sie erzählt am besten von uns allen!«

Die Schwalbe flog davon und kam nach kurzer Zeit mit einer anderen zurück. Die kicherte erst einmal, als sie die wundersame Blätterpracht sah; denn sie hatte gedacht, dass ihre Freundin reichlich übertrieben hätte. Sie ließ sich auf einem wippenden Zweig nieder und kramte ihre schönsten Geschichten aus dem Gedächtnis hervor. Schwalben sind die besten Märchenerzähler. Sie reisen um die ganze Welt und nisten unter den Dächern der Häuser und Ställe. Sie sehen und hören viel und können sich an alles erinnern. Die Schwalbe erzählte dem jungen Baum lange über die bunte Welt, und als er am Schluss voller Bewunderung fragte, ob die Erde wie eine Schwalbe aussähe, fiel sie vor Heiterkeit fast von ihrem Zweig. Seitdem war sich der junge Baum ganz sicher, dass die Erde nicht wie ein Apfel oder wie eine Aprikose aussieht.

Als der Herbst kam, verabschiedeten sich die Schwalben schweren Herzens und flogen in den Süden. Der junge Baum dachte traurig die ganze Nacht an seine Freunde und in der Morgendämmerung entfalteten sich zwei Schwalbenblätter an seinen Ästen.

»Höre endlich auf, neue Blätter in die Welt zu setzen, der Herbst kommt«, riet ihm der Apfelbaum. Doch der kleine Baum wunderte sich nur über die Blässe, die alle Blätter der beiden Nachbarn verfärbte.

»Warum werdet ihr so bleich?«

»Das muss so sein, sonst können wir den Winter nicht überleben.«

»Warum?«

»Das war schon immer so!«, rief der Aprikosenbaum, und der Wind fegte viele seiner Blätter hinweg.

»Lass deine Blätter fallen!«, brüllte der Apfelbaum in den tosenden Wind.

»Ich liebe aber meine Blätter!« Der Kleine umklammerte sie trotzig und verteidigte sie verbissen gegen die Wut des Sturmes.

Der Winter zog ins Land und verbreitete eisiges Schweigen. Einsam und verlassen fühlte sich der kleine Baum. Er zitterte mehr vor Angst als vor der Kälte. Um seine Angst zu besiegen, fing er an, sich die Geschichten der Schwalben zu erzählen. »Lass uns schlafen!«, schimpfte der Apfelbaum. »Früchte tragen will er nicht, aber eine große Klappe hat der junge Nachbar«, nörgelte der Aprikosenbaum, und die beiden Gegner waren sich zum ersten Mal einig.

Es war ein kalter Winter, der Himmel geizte mit Regen und Schnee. Je kälter es wurde, umso mehr dachte der junge Baum an die Schwalben und träumte von ihren Geschichten.

Ermüdet und fast verdurstet erwachten die Bäume aus ihrem Winterschlaf. Sie schlugen ihre Wurzeln tief in die ausgedörrte Erde, um etwas Feuchtigkeit aufzuspüren. Ihre Zweige streckten sich weit hinauf, den spärlichen Tau aufzusaugen. Verzweifelt versuchte auch der junge Baum, seinen Durst zu stillen. Seine feinen Wurzeln stießen auf der Suche nach Wasser aber immer wieder auf die kräftigen Wurzeln seiner Nachbarn. Sie versperrten ihm den Weg, und als er sie um etwas Platz bat, riefen sie: »Tut uns leid, Junge, wir müssen später unsere Früchte ernähren.«

Oft träumte der Baum vom Regen und von den Wolken, und seine jungen Blätter ähnelten den Bildern seiner Träume.

Die Schwalben hörten sich den Kummer ihres Freundes an, der keine Märchen mehr hören wollte. Wenn ein Baum Durst und Hunger hat, mag er keine Geschichten hören.

»Meine Nachbarn lassen mir kaum Platz. Könnt ihr mir nicht helfen?«

»Wie denn?«, fragten die Schwalben besorgt.

»Ich will mit euch in den Süden ziehen, denn hier werde ich den nächsten Winter nicht überleben.«

Als die Schwalben sich im Herbst sammelten, um in den Süden zu fliegen, verabschiedete sich der kleine Baum von seinen Nachbarn.

»Was heißt hier ›Lebt wohl!‹? Ein Baum reist nirgendwohin!«, empörte sich der Aprikosenbaum.

»Doch! Wenn einer nichts mehr zu essen und zu trinken hat, dann reist er fort, egal ob er ein Baum oder eine Schwalbe ist.«

Der junge Baum packte mit seinen Wurzeln etwas Erde und reckte seine Zweige hoch hinauf. Hunderte von Schwalben zogen ihn aus der staubigen, trockenen Erde und flogen mit ihm davon.

»So einen verrückten Baum habe ich noch nie gesehen!«, sagte der Aprikosenbaum und gähnte herzhaft. Der Apfelbaum nickte.

Die Schwalben flogen immer höher. Sie eilten ohne Rast in den Süden. Der kleine Baum erblickte staunend Berge, Täler und Flüsse. Nach mehreren Tagen erreichten sie gemeinsam ihr Ziel.

»Wo wollt ihr hin?«

»In die Felswand dort drüben«, antworteten die Schwalben.

»Können Bäume in Felsen leben?«

»Nein, das nicht, aber du kannst dort unten leben, im Wald!«

Der kleine Baum schaute sich den dichten Wald an.

»Nein! Dort gibt es keinen Platz. Tragt mich hinunter zum silbernen Fluss! Dort kann ich leben.«

Die Schwalben glitten hinab und setzten den kleinen Baum sanft auf das Wasser.

»Wir werden dich besuchen!«, riefen sie und flogen zu ihren Nestern in der Felswand.

Das Wasser trug den Baum hinunter bis zu einer ruhigen Flussbiegung. Erfreut über das kühle Wasser, begann der Baum, sich den Staub der weiten Reise von seinen Blättern abzuwaschen.

»Was bist du für ein komischer Fisch?«, hörte er plötzlich eine leise Stimme. Ein kleiner roter Fisch starrte ihn verwundert an.

»Der liegt einfach so auf dem Wasser und schwimmt. Meine Güte, wir müssen uns abrackern, damit wir nicht umkippen.«

»Wer bist du?«, drängte sich ein schwarzer Fisch vor.

»Ich bin ein Baum!«

»Ein Baumfisch? So etwas habe ich noch nie gehört!«

»Können Baumfische alle so gut schwimmen?«, fragte neugierig der rote Fisch.

»Weiß ich nicht! Ich kann es«, antwortete der junge Baum verlegen.

»Bäume müssen ganz tolle Fische sein«, schwärmte der schwarze Fisch, und der junge Baum fühlte sich überglücklich. Er erzählte von seiner Reise, und nach einer Weile hörte ihm ein großer Fischschwarm zu. Viele junge Fische schwärmten davon, eines Tages zu fliegen, aber ältere Fische schüttelten den Kopf über den kleinen redseligen Baum. Ob alt oder jung, einerlei, sie lauschten seinen spannenden Geschichten und freuten sich über den neuen Nachbarn. Fische reden in der Regel wenig und hören gerne zu. Während aber der junge Baum sich wusch und den Fischen erzählte, löste das Wasser die Erdkrumen aus seinen Wurzeln.

»Ich habe Hunger«, rief er.

»Und was essen Baumfische?«, fragte ihn ein kleiner roter Fisch.

»Erde und Sonne schenken mir das Leben, dafür muss ich gerade stehen. Wir Bäume können nur aufrecht leben. Helft mir, bitte, meine Wurzeln in den Boden zu schlagen.« Ein großer Fischschwarm packte seine Wurzeln und zog sie in die Tiefe. Das Wasser tat das Seine dazu und nach mehreren Versuchen stand der Baum aufrecht.

Er grub seine Wurzeln tief in den weichen Boden. Stolz, doch etwas ermüdet schauten die Fische den Baum an und staunten über die vielen jungen Blätter, die wie grüne Fische aussahen. An diesem ersten Tag erzählte der Baum den Fischen Märchen bis in die Nacht hinein.

Als er erwachte, stand die Sonne bereits hoch im Zenit. Kein einziger Fisch war weit und breit zu sehen. Er rief nach ihnen, aber sie schienen seine Stimme nicht zu hören.

»Ein Pelikan lauert in der Nähe«, erklärte ihm eine Schwalbe, die vorbeisegelte und seine besorgten Rufe vernahm. »Deshalb flüchten alle Fische.«

Plötzlich fühlte sich der junge Baum an seine Einsamkeit im Norden erinnert. Eine große Wut auf den Pelikan packte ihn.

»Habt keine Angst vor dem Pelikan! Ich bin doch euer Freund!«, rief der junge Baum den Fischen zu. »Solange ich in der Nähe bin, wird kein Pelikan der Welt euch auch nur eine Schuppe ausreißen.«

Erst nach mehreren Rufen wagte sich ein kleiner schwarzer Fisch aus seinem Versteck heraus.

»Hast du keine Angst vor dem Pelikan?«, fragte er den jungen Baum mit dünner Stimme.

»Nein! Ich werde ihm zeigen, was ein Baum ist!« Seine Zweige peitschten das Wasser. Er kannte den Pelikan nicht, und Bäume haben keine Angst vor jemandem, den sie nicht kennen. Fische jedoch kennen den Pelikan. Deshalb wagten sich nur drei kleine Fische heraus und drückten sich eng an den Stamm ihres Freundes.

Plötzlich krachte es. Hoch aufspritzendes Wasser nahm dem jungen Baum die Sicht. Wie durch einen Schleier sah er aus dem Sprudel den Pelikan auftauchen. Die drei Fische waren verschwunden. Wütend streckte der junge Baum seine Zweige aus und packte den

Pelikan am Hals. Der zappelte wild, konnte sich aber nicht befreien. Der Baum zog den Pelikan zu sich heran und haute ihm mit einem kräftigen Ast über den Kopf.

»Tu das nicht noch einmal! Gib sofort meine Freunde heraus!«, brüllte er den erschrockenen Vogel an.

»Was geht das dich an! Du bist doch nicht ihr Vater!«, krächzte der Pelikan heiser und japste nach Luft, denn die Zweige schnürten ihm den Hals zu.

»Ich bin nicht ihr Vater, doch wohl ihr Freund. Spuck sie aus!« Der Baum schüttelte den Pelikan und gab ihm noch einen Hieb auf den Kopf.

Der Pelikan fürchtete um sein Leben. Er sperrte seinen großen Schnabel auf, und die kleinen Fische konnten ins Wasser springen.

»Kommt alle heraus und schaut euch den Pelikan an!«, rief der Baum, und immer mehr Fische kamen aus ihrem Versteck. Sie lachten zum ersten Mal über den Pelikan, der gefangen in den Zweigen hing und wütend mit den Flügeln schlug.

»Verschwinde und lass dich hier nie wieder blicken!«, befahl der Baum und versetzte dem Pelikan noch einen Schlag auf den Hintern.

Die Fische sahen erfreut zu, wie der Vogel das Weite suchte.

»Es gibt kein größeres Unglück als die Freundschaft der Bäume mit den Fischen«, fluchte der Pelikan und verschwand.

Doch dieses Unglück bereitete den Fischen ein großes Vergnügen. Fröhlich tanzten sie um den Stamm ihres Freundes herum wie leuchtende Ringe. Und wer sie genau belauschte, der konnte die Fische zum ersten Mal singen hören.

Rafik Schami, 1946 in Damaskus geboren, zählt zu den bedeutendsten Autoren deutscher Sprache. Seine Bücher wurden in über 20 Sprachen übersetzt und vielfach ausgezeichnet. Bei Hanser erschien zuletzt sein großer Roman »Die dunkle Seite der Liebe« (2004), im Hanser Kinderbuch das preisgekrönte Bilderbuch »Wie ich Papa die Angst vor Fremden nahm« (2003), illustriert von Ole Könnecke.

Henrike Wilson, 1961 in Köln geboren, illustrierte für das Hanser Kinderbuch bereits die Bilderbücher vom »Kleinen Weihnachtsmann« (2002 und 2004) und »Das Schaf Charlotte« (2005) nach Texten von Anu Stohner sowie Jostein Gaarders »Schloss der Frösche« (2005).

*»Eine poetische Geschichte.
Vieles, was in den kurzen Kapiteln
passiert, wirkt lange nach.«*

Cornelia Geißler, Frankfurter Rundschau

Mit Illustrationen von Kathrin Schärer
192 Seiten. Gebunden. Ab 8 Jahren

Nina und Widu – ein Mädchen und eine Puppe – verbindet eine
tiefe Freundschaft. Widu stammt vom Flohmarkt und ist die tollste Puppe
der Welt. Sie kann sprechen und weiß die schönsten Geschichten, und
wenn man sie fest in den Arm nimmt, ist jede Angst wie weggeflogen. Widu
ist wie für Nina gemacht, und sie kommt im richtigen Moment: als Nina gerade
umgezogen ist und noch keine neuen Freunde gefunden hat. Doch Widu
spürt die Sehnsucht, so zu sein wie das Menschenmädchen, dem sie gehört.
Dazu fehlt ihr ein Herz, und das ist für Puppen eigentlich nicht vorgesehen.
Aber wenn sie es sich sehr, sehr wünscht, gibt es trotzdem einen Weg …
Endlich wieder ein Kinderbuch des Erfolgsautors.

www.rafik-schami.de

HANSER